A MORAL DO DANO

EDUARDO MEDINA GUIMARÃES

Prefácio
Fábio Medina Osório

A MORAL DO DANO

Belo Horizonte

2022

© 2022 Editora Fórum Ltda.

É proibida a reprodução total ou parcial desta obra, por qualquer meio eletrônico, inclusive por processos xerográficos, sem autorização expressa do Editor.

Conselho Editorial

Adilson Abreu Dallari
Alécia Paolucci Nogueira Bicalho
Alexandre Coutinho Pagliarini
André Ramos Tavares
Carlos Ayres Britto
Carlos Mário da Silva Velloso
Cármen Lúcia Antunes Rocha
Cesar Augusto Guimarães Pereira
Clovis Beznos
Cristiana Fortini
Dinorá Adelaide Musetti Grotti
Diogo de Figueiredo Moreira Neto (*in memoriam*)
Egon Bockmann Moreira
Emerson Gabardo
Fabrício Motta
Fernando Rossi
Flávio Henrique Unes Pereira
Floriano de Azevedo Marques Neto
Gustavo Justino de Oliveira
Inês Virgínia Prado Soares
Jorge Ulisses Jacoby Fernandes
Juarez Freitas
Luciano Ferraz
Lúcio Delfino
Marcia Carla Pereira Ribeiro
Márcio Cammarosano
Marcos Ehrhardt Jr.
Maria Sylvia Zanella Di Pietro
Ney José de Freitas
Oswaldo Othon de Pontes Saraiva Filho
Paulo Modesto
Romeu Felipe Bacellar Filho
Sérgio Guerra
Walber de Moura Agra

FÓRUM
CONHECIMENTO JURÍDICO

Luís Cláudio Rodrigues Ferreira
Presidente e Editor

Coordenação editorial: Leonardo Eustáquio Siqueira Araújo
Aline Sobreira de Oliveira

Av. Afonso Pena, 2770 – 15º andar – Savassi – CEP 30130-012
Belo Horizonte – Minas Gerais – Tel.: (31) 2121.4900 / 2121.4949
www.editoraforum.com.br – editoraforum@editoraforum.com.br

Técnica. Empenho. Zelo. Esses foram alguns dos cuidados aplicados na edição desta obra. No entanto, podem ocorrer erros de impressão, digitação ou mesmo restar alguma dúvida conceitual. Caso se constate algo assim, solicitamos a gentileza de nos comunicar através do *e-mail* editorial@editoraforum.com.br para que possamos esclarecer, no que couber. A sua contribuição é muito importante para mantermos a excelência editorial. A Editora Fórum agradece a sua contribuição.

Dados Internacionais de Catalogação na Publicação (CIP) de acordo com ISBD

G963m	Guimarães, Eduardo Medina
	A moral do dano / Eduardo Medina Guimarães. - Belo Horizonte : Fórum, 2022.
	137 p. ; 14,5cm x 21,5cm.
	Inclui bibliografia.
	ISBN: 978-65-5518-296-5
	1. Direito. 2. Direito à Saúde. 3. Direito Civil. 4. Direito Penal. 5. Direito Privado. 6. Direito Processual Civil. 7. Direito Processual Trabalhista. 8. Direitos Humanos. 9. Sociologia. 10. Teoria Geral do Processo. 11. Psicologia. 12. Psiquiatria. 13. Filosofia. I. Título.
2021-4031	CDD 340
	CDU 34

Elaborado por Vagner Rodolfo da Silva - CRB-8/9410

Informação bibliográfica deste livro, conforme a NBR 6023:2018 da Associação Brasileira de Normas Técnicas (ABNT):

GUIMARÃES, Eduardo Medina. *A moral do dano*. Belo Horizonte: Fórum, 2022. 137 p. ISBN 978-65-5518-296-5.

Dedico este livro a minha esposa Jaqueline da Silveira Vieira, cujo apoio, escuta e compreensão, fizeram a realidade deste trabalho, e também ao meu filho Maurício Vieira Guimarães, que, feito argila, segue se moldando no lapidar da vida.

Agradeço ao meu primo-irmão, Dr. Fábio Medina Osório, pela generosidade e competência de assumir e abrilhantar meu livro com seu Prefácio e acolhida, demonstrando a grandiosidade de seu saber e de sua alma.

CONFISSÃO
Não amei bastante meu semelhante,
não catei o verme nem curei a sarna.
Só proferi algumas palavras,
melodiosas, tarde, ao voltar da festa.
Dei sem dar e beijei sem beijo.
(Cego é talvez aquele quem esconde os olhos
embaixo do catre.) E na meia-luz
tesouros fanam-se, os mais excelentes.
Do que restou, como compor um homem
e tudo que ele implica de suave,
de concordâncias vegetais, murmúrios
de riso, entrega, amor e piedade?
Não amei bastante sequer a mim mesmo.
Contudo próximo. Não amei ninguém.
Salvo aquele pássaro – vinha azul e doido
que se esfacelou na asa do avião.
(Carlos Drummond de Andrade)

SUMÁRIO

PREFÁCIO
Fábio Medina Osório 13

INTRODUÇÃO 29

CAPÍTULO 1
O QUE É O DANO MORAL? 33
1.1 Os elementos caracterizadores do dano 35
1.1.1 Geral 35
1.1.2 Ato ilícito 36
1.1.3 Culpa 39
1.1.4 Dano 43
1.1.5 Nexo de causalidade 48

CAPÍTULO 2
COMO IDENTIFICAR O DANO MORAL 51
2.1 O emocional 53
2.2 O conceito de alma e de dor 56
2.2.1 A alma 56
2.2.2 A dor 60
2.3 As sequelas da alma e da dor na vivência de um processo judicial ... 64

CAPÍTULO 3
COMO MENSURAR O DANO MORAL? 79
3.1 A extensão do dano 83
3.2 Mensurando a dor e arbitrando o *quantum* 91
3.3 O dano moral como caráter educativo 97

CAPÍTULO 4
A MUDANÇA DA VIDA E DAS ATITUDES 103
4.1 Pode haver consolo da vítima? 108
4.2 O tempo como modificador de atitudes negativas 112
4.3 Existe indústria do dano moral? 118

CAPÍTULO 5
CONCLUSÕES 125
5.1 Perspectiva de melhoras num futuro próximo 125
5.2 A fé na jurisprudência e o exemplo social 128
5.3 Todas as dores, a dor – Reconstruindo as relações com amor 132

PREFÁCIO

Uma honra e uma alegria prefaciar uma obra de Eduardo Medina Guimarães, meu primo-irmão, que conheço desde que nasci (ele é poucos dias mais antigo que eu), e que vi transformar-se num excelente e combativo advogado, especializado em causas relacionadas a danos morais.

A peculiaridade da obra ora prefaciada, no universo das obras jurídicas que tratam de danos morais, talvez seja a visão transdisciplinar do autor, que tem uma sensível imersão nas artes, na filosofia e na psicologia, vocação que herdou de seu saudoso pai, meu tio, o falecido desembargador do TJRS Nathaniel Marques Guimarães, o qual também foi um grande pintor. Aliás, diga-se de passagem, na biblioteca do meu tio também eu mesmo tive oportunidade de encontrar-me com Freud, Erich Fromm, entre outros expoentes da psicanálise e da filosofia, enquanto ainda cursava a faculdade de direito.

Nesta obra, Eduardo Medina Guimarães propõe, fundamentalmente, uma releitura dos paradigmas jurisprudenciais de fixação dos danos morais no Brasil e maior abertura de acesso à justiça para combate aos abusos contra vítimas de danos morais, numa linguagem fluída e fora dos padrões habituais das doutrinas jurídicas.

Nesse sentido, a obra ostenta importância, precisamente quando afirma que "a pedagogia da condenação é a nova premissa a ser considerada", denotando que se filia à dimensão do direito civil punitivo como forma de coibir danos morais. Revela, ademais, uma visão de quem está do lado da vítima. Nem todos pensam dessa forma, é verdade.

Judith Martins Costa, num trabalho intitulado "Dano moral à brasileira",[1] alerta que, "como demonstra pesquisa elaborada por André Rodrigues Corrêa, as primeiras decisões brasileiras trataram, a rigor, sobre os reflexos não-patrimoniais de danos patrimoniais. Começou-se, pois, por atrelar o fundamento da admissibilidade dos danos

---

[1] Ano 3 (2014), nº 9, 7073-7122. Disponível em: http://www.idb-fdul.com. ISSN: 2182-7567. Texto originalmente publicado em: *Livro Homenagem a Miguel Reale Júnior*. (org. PASCHOAL, Janaína; SILVEIRA, Renato Mello. Rio de Janeiro: GZ, 2014, p. 289 e ss).

extrapatrimoniais a argumento de ordem econômica. O panorama se alterou com a edição da Súmula 37 do STJ, que reconheceu a autonomia do 'dano moral puro', mas somente a partir dos anos 80 houve o assentamento jurisprudencial da possibilidade da indenização do dano moral independentemente de sua conexão com danos patrimoniais presentes e/ou futuros". Prossegue a doutrinadora sustentando que o exame dos precedentes à Súmula nº 37 fornece "pistas quanto ao conteúdo que viria a ser dado à noção de dano moral, principalmente no que tange à sua identificação com sentimentos (dor, vexame, humilhação, etc.) e à atribuição de um caráter punitivo à indenização, daí para frente ganhando corpo o entendimento segundo o qual o dano moral tem uma dúplice função: punitiva ao ofensor e compensatória aos sentimentos (dor, vexame, humilhação, menoscabo e quetais) da vítima. Desde então entrou em cena no Direito brasileiro, pela porta dos Tribunais Superiores, a ideia do dano moral como lesão a sentimentos ou a estados anímicos, uma concepção que fizera sucesso nos foros franceses e italianos dos finais do séc. XIX e inícios do séc. XX, sendo esse vetusto entendimento ainda hoje persistente no plano jurisprudencial e em parcela da doutrina".

Martins Costa critica, é verdade, a corrente jurisprudencial que aceita o caráter punitivo do dano moral, bem como propõe critérios mais rígidos para aferição do dano moral, em contraste com o que o autor da obra prefaciada contempla.

Luciana de Godoy Penteado Gattaz, no trabalho cujo título é *Punitive Damages no Direito brasileiro*, fez um excelente histórico sobre o instituto em exame, sintetizando bem a matéria.[2] Permito-me uma longa transcrição de seu trabalho, pelo caráter pedagógico do texto:

> A doutrina dos *punitive damages* tem sua origem no *common law* e fora articulada pela primeira vez de forma explícita em 1763, no julgamento paradigmático *Wilkes v. Wood*, na Inglaterra. 4 Nada obstante, o instituto ganhou força na jurisprudência norte-americana, onde é possível encontrar diversos estudos e teorias mais aprofundados a respeito.
>
> Em linhas gerais, os *punitive damages* ou indenização punitiva (conforme tradução dada pela doutrina pátria) são definidos como 'indenização outorgada em adição à indenização compensatória quando o ofensor agiu com negligência, malícia ou dolo', e seu propósito geral é o de punir o ofensor, aplicando-lhe uma pena pecuniária de finalidade educativa e

---

[2] *RT*, v. 964, fev. 2016.

almejando o desestímulo a comportamentos semelhantes por parte de terceiros. Por meio do referido instituto, portanto, condena-se o ofensor a uma indenização superior ao valor do dano, a fim de se evitar que a ação danosa seja repetida por ele mesmo ou por qualquer outro indivíduo.

Nos Estados Unidos da América não há uma legislação federal que regule os critérios de aplicação universal dos *punitive damages*. Desse modo, os pressupostos e requisitos são diferentes em cada Estado e foram construídos ao longo dos casos judiciais precedentes, seguindo sempre a evolução do tema na sociedade, por se adotar, naquele país ou ao menos na maioria de seus Estados, o sistema jurídico do *common law*, conforme explicado anteriormente. Há nos Estados Unidos da América, portanto, uma Federação verdadeira, com independência jurisprudencial e legislativa dos Estados.

Nada obstante, é possível identificar alguns pressupostos para sua aplicação que são, de certa forma, comuns a todos os Estados e inclusive, dependendo de cada caso, confirmados normalmente pela Suprema Corte daquele país.

Uma vez claros os objetivos dos *punitive damages*, entender-se-á com maior facilidade o porquê de cada critério ou cada diretriz na aplicação desse instituto ou até mesmo na quantificação da verba indenizatória.

De acordo com a doutrina e jurisprudência norte-americanas, os *punitive damages* poderão ser aplicados nos casos em que seja possível identificar os seguintes elementos objetivos: (a) a ocorrência de um ato ilícito que pode se dar em razão de uma relação extracontratual (*tort*) ou em razão de inadimplemento contratual total ou parcial (*breaches of contract*); e (b) a ocorrência de um prejuízo, com exceção dos *torts* "dedútives per se" (*actionable per ser*) que podem justificar uma reparação civil ainda que não se alegue ou demonstre os efetivos prejuízos, por exemplo, os casos de *assault* ou *false imprisonment*.

Ainda seguindo a doutrina e jurisprudência norte-americanas, os *punitive damages* buscam punir atos ilícitos específicos cujos elementos subjetivos tornem-nos mais represensíveis que os demais, motivo pelo qual sua aplicação é pautada na intencionalidade da conduta do ofensor.

Importante ressaltar, portanto, que não é admitida a aplicação do instituto nos casos em que o ofensor tenha agido com mera negligência. Assim, nas hipóteses em que há responsabilidade objetiva, por exemplo, na qual o fundamento prescinde de culpa, não serão aplicáveis os *punitive damages*, com exceção dos casos em que o ofensor tenha agido comprovadamente com culpa grave ou dolo.

Conforme mencionado anteriormente, a função punitiva da responsabilidade civil tem sido aceita pela doutrina e jurisprudência pátrias apenas no âmbito do dano moral e como mera consequência da função compensatória. A indenização punitiva, porém, tem sido aplicada de uma forma, diga-se, 'restrita' se comparada à dos Estados Unidos da América, de acordo com a pesquisa feita na jurisprudência nacional, a ser explicada adiante.

No entanto, não se pode negar a evolução do tema em nosso país. Houve, inclusive, em 2004, a criação de uma nova categoria de dano na responsabilidade civil pelo Professor Antônio Junqueira de Azevedo, denominada *dano social*. Essa criação compõe o processo evolutivo da função punitiva da responsabilidade civil no direito brasileiro, motivo pelo qual vale destacar abaixo seus principais fundamentos e características.

Partindo da premissa de que a pena, no direito civil, não exige uma tipicidade tão rigorosa como o direito penal o faz, e, por conseguinte, superando a linha divisória entre direito civil e direito penal mencionada acima, Antônio Junqueira de Azevedo afirma que: 'um ato, se doloso ou gravemente culposo, ou se negativamente exemplar, não é lesivo somente ao patrimônio material ou moral da vítima, mas sim, atinge a toda a sociedade, num rebaixamento imediato do nível de vida da população. Causa dano social'. Dano social, portanto, seria toda lesão à sociedade que reduza as condições coletivas de segurança ou diminua o índice de qualidade de vida da população, o que justificaria a aplicação de uma indenização punitiva contra o agente ofensor. Importante ressaltar que o autor defende a aplicação dessa nova categoria de dano tanto para os danos patrimoniais quanto para os danos extrapatrimoniais. Por esse motivo, não se pode confundir o dano social com o dano moral coletivo.

O dano moral coletivo, apesar de não ser claramente definido pela doutrina ou pela jurisprudência, está consagrado expressamente no ordenamento jurídico brasileiro, especificamente na Lei da Ação Civil Pública e no Código de Defesa do Consumidor. Criado com o intuito de punir e reprimir a conduta do ofensor de direitos coletivos e difusos, o dano moral coletivo pode ser conceituado como 'qualquer violação aos valores fundamentais compartilhados pela coletividade'. Tem caráter punitivo, justificado pela sua relevância social ao proteger o interesse público e garantir a preservação dos direitos coletivos. A esse instituto, no entanto, não são consideradas críticas como à referente ao enriquecimento sem causa, tendo em vista que, nesse caso, a indenização punitiva é destinada a um fundo 'gerido por um Conselho Federal ou por Conselhos Estaduais de que participarão necessariamente o Ministério Público e representantes da comunidade, sendo seus recursos destinados à reconstituição dos bens lesados.

Nota-se, diante disso, a existência de métodos que possibilitariam a aplicação da doutrina dos *punitive damages* no país. Seria a destinação da indenização punitiva a um fundo público a solução para se afastar o enriquecimento sem causa e permitir a plena adoção dos *punitive damages* pelo ordenamento jurídico brasileiro?

Antes de se passar à análise da jurisprudência nacional, vale mencionar aqui as principais críticas, ou melhor, os principais impedimentos à aplicação dos *punitive damages* aos danos morais, no direito brasileiro, levantados pela doutrina.

Daniel de Andrade Levy, ao citar Anderson Schreiber, afirma que, na realidade, existe hoje, no Brasil, uma espécie bizarra de indenização, que, embora não seja reconhecida formalmente como punitiva, reflete critérios que obram nessa direção, gerando absurda insegurança jurídica tanto para a vítima quanto para o ofensor. De fato, a pesquisa ora apresentada e analisada de forma minuciosa abaixo infelizmente reflete essa espécie bizarra, pelos motivos que serão oportunamente expostos.

Além da inexistência de menção ou indicação a um caráter punitivo da responsabilidade civil no art. 944 do CC/2002, seja em seu *caput* ou em seu parágrafo único, são vários os fatores alegados pela doutrina e pela jurisprudência que impedem a aceitação plena dos *punitive damages* pelo nosso ordenamento jurídico, quais sejam (a) indenizações excessivas; (b) enriquecimento sem causa; (c) indústria do dano moral; entre outros.

Conforme será visto adiante, para justificar uma aplicação mais 'branda' dos *punitive damages*, os tribunais brasileiros têm se utilizado, na maioria das vezes, da vedação à violação do princípio do enriquecimento sem causa como principal, ou até mesmo único, fundamento. Por tal motivo, a seguir será despendida especial atenção ao referido princípio usado com tanta frequência pela jurisprudência nacional.

Influenciado pelo Código Civil francês, o Código Civil brasileiro de 1916 não disciplinava expressamente o enriquecimento sem causa como um instituto autônomo no direito obrigacional. Aliás, muitos foram os doutrinadores, tais como Clóvis Beviláqua, Agostinho Alvim, Orlando Gomes, Caio Mário da Silva Pereira, entre outros, que criticaram a ausência de dispositivo legal proibindo o locupletamento à custa alheia e determinando a respectiva restituição do valor obtido indevidamente.

Como resultado desse esforço no sentido de garantir aos indivíduos um maior equilíbrio em qualquer relação jurídica, de qualquer natureza, houve a inserção de disposições no novo Código Civil regulando a vedação ao enriquecimento sem causa, consubstanciadas nos arts. 884 e ss., representando um verdadeiro triunfo para o interesse coletivo.

Em linhas gerais, para que ocorra o enriquecimento sem causa, é necessário identificar os seguintes requisitos: (i) o locupletamento da parte requerida; (ii) o empobrecimento da parte requerente; (iii) o nexo causal entre os dois requisitos anteriores; e (iv) a ausência de causa jurídica para o enriquecimento.

Nesse aspecto, é importante repetir que boa parte da doutrina defende a tese de que seria impossível a aplicação dos *punitive damages* no país, seja pela vedação ao enriquecimento sem causa, ou pelas diferenças não só entre o direito brasileiro e o Direito norte-americano de uma forma geral, como também entre a economia, cultura, história, estrutura do Poder Judiciário, e até o sistema de seguros desses países.

A minoria a favor da aplicação da indenização punitiva ao menos no âmbito dos danos morais, contudo, traz à discussão fundamentos e argumentos que não podem ser ignorados, principalmente no que diz respeito ao enriquecimento sem causa.

Cite-se, por exemplo, Antônio Junqueira de Azevedo, que, ao defender sua tese de criação do dano social, menciona a dificuldade sobre a quem atribuir a indenização punitiva pelos danos sociais em um processo judicial no qual a vítima seja um indivíduo, em função da expressa proibição do enriquecimento sem causa em nosso ordenamento jurídico.

Segundo o autor, por ser a vítima a pessoa quem levou o problema ao Judiciário, agindo como uma legítima defensora da sociedade, ela merece uma recompensa, de tal forma que destinar à própria vítima a indenização punitiva seria uma maneira de recompensá-la e de incentivar a sociedade a buscar seu aperfeiçoamento de uma forma geral. Essa seria, portanto, a causa ensejadora da indenização punitiva, que, na visão do autor, afastaria a configuração do enriquecimento sem causa. Esse argumento é muito interessante, pois segue a lógica da doutrina norte-americana. Naquele país, justifica-se a destinação da indenização punitiva à vítima por estar esta atuando na condição de 'private attorney general', exercendo o papel de protetora da sociedade, devendo, desse modo, ser paga pelos seus 'serviços' prestados.

Vale ressaltar, porém, que, nos dias de hoje, 13 Estados norte-americanos têm exigido a destinação de parte das indenizações punitivas a fundos públicos. **16** Ainda que tal exigência não esteja fundamentada na vedação ao enriquecimento sem causa, trata-se de fator relevante para o aprimoramento da aplicação desse instituto, seja para reduzir "a indústria do dano moral", seja para regular os *punitive damages* de forma mais precisa. Nesse sentido, trata-se de questão sensível e que, mesmo no país onde a doutrina foi desenvolvida, repercute de forma polêmica no Poder Judiciário local.

Ainda no que diz respeito ao requisito 'ausência de causa jurídica' que permite a configuração do enriquecimento sem causa, Daniel de Andrade Levy levanta um curioso ponto, a seguir descrito: 'basta um exame mais rigoroso do conceito para se perceber que a indenização punitiva jamais poderia ser um enriquecimento 'sem justa causa', nos dizeres da lei, pois é fundado na mais importante de todas as causas, qual seja, um pronunciamento público, materializado na decisão judicial. O que incomoda, parece, não é tanto a falta de causa, mas o fato de uma disciplina privada como o direito civil gerar para a vítima uma indenização superior ao seu efetivo prejuízo.

Há, dessa forma, ao menos duas causas jurídicas para a condenação pelos *punitive damages* defendidas pela minoria da doutrina brasileira: (i) a recompensa do lesado por levar o caso ao Poder Judiciário e, assim, contribuir para o aperfeiçoamento da sociedade; e (ii) a decisão judicial (em qualquer instância) pela aplicação desse instituto.

Outra tese brasileira a que se deve despender especial atenção é a defendida por André Gustavo Corrêa de Andrade. Em seu livro, o autor afirma ser aplicável a doutrina dos *punitive damages* aos danos morais no direito brasileiro, com fundamento no princípio constitucional da dignidade da pessoa humana, previsto no art. 1.º, III, da CF/1988, e também na proteção dos direitos da personalidade e no direito à indenização do dano moral, previstos no art. 5.º, V e X, também da Constituição brasileira.

Segundo o autor, esses princípios são 'mandados de otimização', que, de acordo com a definição de Robert Alexy, são 'normas que ordenam que algo seja realizado na maior medida possível'. Para ele, portanto, não é admissível deixar de aplicar a indenização punitiva por inexistir disposição legal que a preveja, uma vez que tais princípios ensejam a aplicação de todos e quaisquer meios para a efetiva proteção dos respectivos direitos fundamentais, sendo desnecessária a existência de uma norma infraconstitucional para tanto.

Indo mais além nessa questão, o autor defende, ainda, a preponderância do princípio da dignidade da pessoa humana sobre o princípio da anterioridade da pena, ao afirmar que: 'com efeito, sopesando os interesses contrapostos em jogo, não é difícil estabelecer qual deles deve preponderar. De um lado, tem-se o interesse em prevenir comportamentos lesivos a direitos da personalidade, dissuadindo o lesante e terceiros, de outro lado, o interesse em não surpreender o lesante com a imposição de uma pena pecuniária não prevista previamente em lei. A aplicação da indenização punitiva atenderia, sem dúvida, a um interesse sensivelmente mais relevante (...).

Com relação à vedação do enriquecimento sem causa, sua posição não é outra. Para ele, a aplicação dos *punitive damages* teria uma repercussão tão significante na sociedade, no sentido de punir e prevenir ilícitos, bem como educar os indivíduos, que o seu benefício trazido à coletividade tornaria irrelevante o incremento patrimonial da vítima. É a partir dessas teorias que surge a questão objeto do presente estudo: seria possível defender a prevalência de interesses sociais sobre a vedação do enriquecimento sem causa, na punição civil do agente, quando da aplicação da doutrina da indenização punitiva?

E prossegue a autora incursionando em pesquisa sobre a jurisprudência brasileira, confirmando hipótese suscitada pelo autor desta obra, quanto à timidez dos tribunais pátrios, *in verbis*:

> A pesquisa realizada na jurisprudência nacional contemplou o STF, o STJ e os Tribunais de Justiça do Estado de São Paulo, Rio de Janeiro, Minas Gerais, Mato Grosso, Distrito Federal e Territórios, Rio Grande do Sul e Santa Catarina.
>
> A escolha pelo STF e pelo STJ justifica-se pelo fato de que a doutrina dos *punitive damages*, por tratar de dano moral, protegido pela Constituição Federal, que compõe a responsabilidade civil, regulada pelo Código Civil brasileiro, implica em questões cuja competência para decidi-las em último grau pertence a esses órgãos.
>
> Tendo em vista que a indenização por dano moral se dá, na grande maioria dos casos, em razão de relações consumeristas, acidentes de trânsito, protestos, entre outras relações jurídicas especificamente civis e comerciais como um todo, a pesquisa contemplou tão somente os tribunais estaduais, excluindo-se todos os demais, como os federais e trabalhistas.
>
> A opção pelos sete tribunais de justiça mencionadas acima deu-se em virtude de se ter realizado, num primeiro momento, uma pesquisa genérica em todos os estados do país, para se averiguar em quais estados a discussão acerca da (in)aplicabilidade dos *punitive damages* tem mais volume, tendo-se obtido o melhor resultado, em termos quantitativos, nos Estados acima mencionados.
>
> Realizada a pesquisa, constatou-se que, dos 101 (cento e um) acórdãos analisados, apenas 9% admitem a aplicação dos *punitive damages* no direito brasileiro, sendo que 22% não admitem e 69% admitem uma aplicação "restrita", ou seja, com ressalvas.
>
> Em consideração ao maior número de casos, a seguir serão analisados primeiramente os acórdãos em que se permitiu a *aplicação restrita* da indenização punitiva.

Essa classificação foi criada no decorrer da execução da pesquisa realizada para este trabalho, com o intuito de facilitar a análise dos acórdãos encontrados em que a aplicação do instituto pelo Poder Judiciário deu-se com inúmeras ressalvas, principalmente com relação à vedação do enriquecimento sem causa.

Nesses acórdãos, o julgador entende por aplicável o instituto da indenização punitiva, utilizando-se, inclusive, de critérios punitivos para quantificá-la, mas, quando da atribuição de valor, acaba por calcular uma indenização tão ínfima que chega até a descaracterizar os *punitive damages*, cujo meio para a eficácia da punição é justamente o de fazer 'doer no bolso' do agente ofensor.

A começar pelo STJ, apesar de admitir a aplicação, as indenizações foram reduzidas substancialmente na maioria das vezes, como se pode ver no REsp 913.131/BA, em que a indenização, devida em virtude de publicação de periódico que causou ofensa à honra e à imagem da vítima, passou de R$ 960.000,00 para R$ 145.250,00, sob o fundamento de que '*a aplicação irrestrita dos* punitive damages *encontra óbice no ordenamento jurídico pátrio*' (grifos nossos), especificamente no art. 884 do CC/2002, que veda o enriquecimento sem causa.

O TJSP permitiu a aplicação restrita do instituto em 60% dos acórdãos. Em razão disso, na maioria das vezes, houve um aumento ínfimo da indenização punitiva, como a AC 7167455 (de R$ 2.560,00 para R$ 6.965,00); manteve-se uma condenação ínfima, como a AC 438415-4/8 (20 salários mínimos); ou (iii) reduziu-se substancialmente a condenação, como a AC 1196397-2 (de R$ 50.000,00 para 50 salários mínimos). Pode-se afirmar que, dos acórdãos em que se admitiu a aplicação dos *punitive damages*, seja de forma plena, seja de forma restrita, 63% reduziram o valor da condenação por julgar excessivos os valores proferidos pelos juízes de primeiro grau ou Tribunais Estaduais.

O TJMG, por sua vez, permitiu a aplicação restrita do instituto em 73,4% dos acórdãos, sendo que em metade desses casos houve a redução ou a manutenção do valor quantificado pelo juízo *a quo* também em valores pouco expressivos, como são os casos da AC 2.0000.00.346267-7/00 (reduziu de 20 para 05 vezes o valor do título indevidamente protestado), e da AC 2.0000.00.515693-8/000 (manteve a condenação a R$ 1.200,00). Com relação às lides em que houve aumento, este também foi quantificado em valores praticamente insignificantes para fins de atingir o patrimônio do agente ofensor, são os casos da AC 1.0372.04.011401-2/001 (aumentou de R$ 2.000,00 para R$ 6.000,00) e da AC 1.0027.07.114524-0/001 (aumentou de R$ 3.800,00 para R$ 6.000,00).

Não foi diferente com os acórdãos do TJDFT em que se aplicou o instituto de forma restrita e manteve-se a condenação do juízo *a quo* em 100% dos casos, em valores também baixíssimos que variam de R$ 1.500,00 a R$ 10.000,00. Os Tribunais de Justiça dos Estados do Rio de Janeiro e do Mato Grosso também seguiram esses padrões.

Como se pode ver, essa aplicação restrita pelo Poder Judiciário brasileiro não contribui para a eficácia dos *punitive damages*. Mais que isso, esse tipo de utilização configura uma verdadeira inaplicabilidade do instituto, por esvaziar sua principal característica: condenar o ofensor a uma indenização maior que o dano causado à vítima em valor suficiente e adequado para que o leve a nunca mais repetir sua conduta.

A principal causa desse esvaziamento dá-se em função de a maioria dos julgadores utilizarem a vedação do enriquecimento sem causa como principal fator impeditivo da aplicação da indenização punitiva no país, representando 81% dos fundamentos. Os demais fundamentos, pouco expressivos em termos de números, são o princípio da legalidade das penas (5%), a ausência de previsão legal que autorize a aplicação do instituto (9%) e a limitação imposta pelo art. 944 do CC/2002 (6%).

No tocante aos Tribunais de Justiça de Santa Catarina e Rio Grande do Sul, estes foram os que mais permitiram a aplicação plena da indenização punitiva no país.

O primeiro, especificamente, aplicou o instituto sem ressalvas em 37,5% dos casos. Apesar disso, no entanto, não há nos acórdãos fundamentos legais para tanto. Na realidade, o julgador sequer menciona os motivos pelos quais ficou convicto da aplicação da indenização punitiva. Apenas em um deles, em que a prefeitura é condenada a pagar indenização a título de *punitive damages* ao contribuinte humilhado por ter sofrido processo de execução de dívida fiscal já quitada, o julgador afirma, como justificativa, que os tribunais brasileiros seguem o modelo constante nos países do *common law* no arbitramento do *quantum* indenizatório (AC 2004.006224-9 – TJSC), e, mesmo assim, manteve o valor quantificado pelo juízo *a quo*, no montante de R$ 4.000,00.

O segundo aplicou o instituto sem ressalvas em 16,6% dos casos. Porém, nesses acórdãos, repete-se o problema acima referido da falta de fundamentos ou de aprofundamento da questão. Apenas em um deles o julgador justifica a aplicação como meio de reforçar a necessidade de punir a "repetição de atos ilícitos."

Nota-se, assim, que pouco se consegue extrair da jurisprudência nacional mesmo nos acórdãos em que se aceita a plena aplicação dos *punitive damages*. Igualmente, não se pode dizer que a aplicação plena no Brasil esteja sendo realizada da forma, diga-se, correta do instituto, pois os valores quantificados pelos tribunais são extremamente baixos e não garantem a eficácia da punição.

A falta de uma exploração mais a fundo do tema pelos tribunais fica ainda pior quando se trata da completa vedação da indenização punitiva. Cite-se a AC 70013361043, do TJRS, em que o relator afirma ser 'inviável na ordem jurídica brasileira a aplicação do referido instituto, por motivos que não cabe aqui adentrarmos.

O TJSP, nesse ponto, foi o que mais proibiu a aplicação (37%) sendo que os julgadores justificaram sua posição mediante a simples menção, em um ou dois parágrafos, ao enriquecimento sem causa, na maioria dos casos, bem como ao princípio da legalidade das penas, à limitação do art. 944 do CC/2002, entre outros, sem adentrar na problemática do assunto.

Ante a análise dos acórdãos encontrados, pode-se afirmar que a jurisprudência pouco trabalha as polêmicas existentes, aplicando ou não a indenização punitiva. Ademais, foi possível concluir que o modo como o instituto está sendo utilizado impede a sua plena eficácia, motivo pelo qual se pode dizer que, atualmente no Brasil, inexiste a aplicação dos *punitive damages*, ainda que a jurisprudência entenda equivocadamente que o esteja fazendo de uma forma 'abrandada'. Evidente, contudo, que existem raras exceções. A seguir, analisaremos cada uma.

Alguns acórdãos merecem destaque. O primeiro, do TJSP, refere-se à AC 1196397-2, em que o relator, apesar de entender que a aplicação do instituto deva ser restrita, em função da vedação do enriquecimento sem causa e da ausência de dispositivo legal autorizador, menciona as hipóteses de aplicação dos *punitive damages*, seguindo a doutrina norte-americana. Por entender que o caso em julgamento não se adequava às hipóteses de aplicação, o Tribunal houve por bem não aplicar o instituto e reduzir a indenização de R$ 50.000,00 para 50 salários mínimos. Nota-se, desse modo, que houve uma preocupação dos desembargadores em analisar as hipóteses e os pressupostos para a aplicação do instituto de acordo com a doutrina norte-americana, ainda que tenham votado pela aplicação restrita, criticada por este trabalho.

Outros dois interessantes exemplos vão nessa mesma linha. Na AC 2.0000.00.346267-7/00, do TJMG, o relator detalha as hipóteses de aplicação dos *punitive damages* também de acordo com a doutrina norte-americana, apesar de entender que a aplicação deva ser restrita. Na Ac 70027155902 julgada pelo TJRS, decidiu-se pela plena aplicação da indenização punitiva, desde que sejam observados os requisitos previstos no direito norte-americano.

Devem ser ressaltados também os seguintes dois acórdãos que refletem, de certa forma, uma possível solução para o afastamento da vedação do enriquecimento sem causa como fundamento impeditivo da aplicação da indenização punitiva no direito brasileiro.

A Ac 0027158-41.2010.8.26.0564, julgada pelo TJSP, trata de uma ação de indenização por danos morais proposta por um segurado contra empresa de plano de saúde, por lhe ter sido negada pela seguradora a cobertura de uma internação que lhe era de direito. O juiz de primeiro grau julgou procedente o pedido, condenando a seguradora ao pagamento de R$ 5.000,00 ao segurado, a título de danos morais. O Tribunal, diante da multiplicidade de ações sobre o mesmo assunto e derivadas de uma mesma conduta por parte da seguradora, entendeu que houve dano social, aumentando o valor da indenização de R$ 5.000,00 para R$ 50.000,00, destinada ao segurado, e condenando a seguradora a pagar, a título de *punitive damages*, a quantia de R$ 1.000.000,00, destinando tal valor ao Hospital das Clínicas da Faculdade de Medicina da USP, com vistas a evitar o enriquecimento sem causa da vítima.

Da mesma forma, a Ac 1.0701.07.205722-0/002, julgada pelo TJMG, trata de ação de indenização por danos morais proposta contra banco que protestou títulos já quitados pela vítima. O juiz de primeira instância condenou o banco ao pagamento de R$ 10.000,00 ao ofendido, e de R$ 10.000,00, a título de *punitive damages*, destinado a uma creche local, por ter entendido que houve dano social. O Tribunal confirmou a sentença e utilizou-se de interessantes justificativas, dentre as quais se destaca a seguinte: "na reparação moral o juiz leva em conta três fatores – o compensatório (1 – natureza compensatória do dano moral), *o punitivo pró-vítima* (2 – natureza punitiva individual do dano moral) e o *punitivo pró dano social* (3 – natureza punitiva social do dano moral). Os dois primeiros fatores revertem em favor da vítima do caso concreto, na hipótese em julgamento, ao autor. Relativamente à natureza punitiva social do dano moral (exemplar *damage* ou teoria do desestímulo), que é facultativa e tem lugar na hipótese de práticas lesivas reincidentes, o valor irá para uma entidade beneficente, para realizar a função social da responsabilidade civil, o que faz com que o ofensor beneficie uma entidade assistencial e, fazendo-o, repense sua conduta" (grifos nossos).

Esses acórdãos, apesar de serem minoria, são de extrema relevância para o tema ora abordado, pois representam talvez o início de uma nova corrente a favor dos *punitive damages* sem que se tenha uma aplicação restrita, e sim plena, mas que, para evitar eventual enriquecimento sem causa por parte da vítima, destina a indenização punitiva a entidades beneficentes ou fundos públicos, como forma de punir o agente e ao mesmo tempo beneficiar a sociedade.

Evidente, contudo, que existem críticas a esse tipo de aplicação, principalmente por parte da doutrina. Nesse sentido, vale citar aqui as teses de Eduardo Uilan e de Pedro Ricardo e Serpa que afirmam ser necessária a existência de dispositivo legal autorizando expressamente a indenização punitiva, sob pena de tanto a vítima quanto eventuais entidades beneficentes ou fundos públicos beneficiados pela verba indenizatória concedida a título de punição incorrerem em enriquecimento sem causa. Assim, segundo os autores, a ausência de causa jurídica existe tanto para a vítima quanto para terceiros beneficiados pela indenização.

Durante a pesquisa, constatou-se outra interessante informação que diz respeito à natureza das relações jurídicas em que foram aplicados os *punitive damages*: 50% dos casos em que se permite a aplicação desse instituto tratam de relações consumeristas.

Conforme mencionado anteriormente, doutrina e jurisprudência norte-americanas somente aplicam os *punitive damages* nas relações jurídicas em que há responsabilidade objetiva quando o ofensor tenha agido comprovadamente com culpa grave ou dolo, ou seja, em caráter extremamente excepcional.

Isso se deve, pelo fato de que a indenização punitiva tem o elemento subjetivo como seu componente central. Nesse sentido, deve-se provar a conduta dolosa ou gravemente culposa do agente ofensor, até mesmo porque, traçando-se um paralelo, no próprio direito penal a responsabilidade objetiva é absolutamente vedada.

Como se viu, a jurisprudência ainda precisa evoluir muito no tratamento dos *punitive damages*, no Brasil.

O Ministro Raul Araújo Filho, do Superior Tribunal de Justiça, por seu turno, em artigo intitulado "*Punitive Damages* e sua aplicabilidade no Brasil",[3] assevera, nesse contexto, que, "de fato, adotada com razoabilidade e proporcionalidade, a aplicação da doutrina do *Punitive Damages* não se mostra ofensiva à Constituição da República. As garantias tratadas nos incisos V e X do art. 5º têm por destinatário o titular do direito à honra, à imagem e à privacidade, expressões do direito fundamental à dignidade humana e dos direitos da personalidade, a quem, em caso de violação, a Carta Magna assegura indenização por dano moral e material. Mas, ao assegurar a indenização, com total ressarcimento do dano sofrido, não proíbe seja também proporcionada à vítima reparação, pelo ofensor, considerando-se o aspecto punitivo-pedagógico com majoração do valor reparatório".

---

[3] Disponível em: ww2.stj.jus.br.

No artigo, o Ministro analisa jurisprudência do próprio STJ no sentido de acolher a tese do direito civil punitivo, concluindo:

> assim como sucedeu com a reparabilidade do dano moral que, ao longo do tempo, encontrou ponderáveis e sólidas resistências na doutrina e na jurisprudência até, gradativamente, afirmar-se de forma prevalente, a aplicabilidade da Teoria do Valor do Desestímulo ou *Punitive Damages* no ordenamento jurídico pátrio também enfrenta consistentes argumentos formulados por talentosos juristas. Contudo, as concepções doutrinárias favoráveis vêm somando pontos de vista valiosos, que indicam a tendência de formação de uma maioria afirmativa, talvez já reunida no presente.
>
> Os precedentes jurisprudenciais expostos refletem o caminhar no sentido de se ter como aplicável no ordenamento jurídico brasileiro o *Punitive Damages*, ou Teoria do Valor do Desestímulo, quando se tratar de conduta dolosa ou praticada com culpa grave, mostrando-se o comportamento do agente especialmente reprovável, com as adaptações necessárias à observância dos princípios e regras constitucionais e legais aplicáveis, inclusive da premissa da vedação ao enriquecimento sem causa.

Como bem enfatiza Eduardo Medina Guimarães, "não por menos, nesta perspectiva, o valor econômico das condenações assume importante papel transformador. O poder punitivo estatal deve ser exercido também na esfera privada, de modo a conter os abusos de uns contra os outros, através da fixação de valores reparatórios de danos morais em patamares compatíveis com o ideário social".

Quanto vale a honra de uma pessoa? Como mensurar a dor, os sentimentos, o sofrimento de alguém? A moral do dano, para além de questionar exaustivamente a dogmática do direito, procura examinar fundamentos axiológicos das decisões. É bom lembrar que o instituto do dano moral, por sua vez, pode ser visto na perspectiva individual ou coletiva, bem como em diversos ramos do direito, *v.g,* no direito consumerista, no direito de família, no direito bancário, no direito trabalhista, no direito ambiental, no direito administrativo, entre outros. Diversos ilícitos – originados em múltiplos ramos jurídicos – podem dar lugar a danos morais. Todavia, a sua reparação compete, sobretudo, ao direito civil.

A interpretação do Direito implica juízo de valoração e adesão a opções axiológicas disponíveis. Percebe-se claramente quais são as visões e opções do autor da obra prefaciada, o qual se solidariza com as vítimas de danos morais e procura trilhar um caminho de inegável fortalecimento da doutrina no sentido da proteção do direito fundamental à reparação por violações ao patrimônio moral.

Brasília, 03 de dezembro de 2020.

Fábio Medina Osório
Doutor em Direito Administrativo pela Universidade Complutense de Madrid. Ex-ministro da Advocacia Geral da União.

INTRODUÇÃO

Este livro não tem o condão de encerrar o assunto, mas, ao contrário, busca tocar pontos práticos relacionados com a aplicação do direito ao dano moral.

Tenta demonstrar que ainda somos muito preconceituosos com a indenização por dano moral. Trazemos um ranço amargo, uma espécie de alienação doutrinária e de aplicação do direito.

Em nossa prática forense, foram vários os julgamentos, casos, petições, contestações, somados às sentenças e acórdãos, onde se falava em "indústria do dano moral" ou mesmo "em um meio fácil de ganhar dinheiro", "uma forma de enriquecer" ou ainda "mero dissabor não gera indenização", etc. Tais julgamentos "morais" sobre o dano são recheados de um preconceito e ignorância sobre a verdadeira condição do dano moral.

Talvez, até pudéssemos supor que essas premissas são distorcidas manipulações da verdade, uma forma de alojar no entendimento mediano uma ideia pré-formada que só diminui e enfraquece essa espetacular ferramenta que se encontra à disposição dos operadores do direito, cuja penetração tem o poder de modificar não só a realidade das partes que litigam, mas muito mais a sociedade, alavancando um futuro melhor para todos.

Tentaremos demonstrar também como os requisitos para a concessão e caracterização do dano moral são muitas vezes negligenciados, relevados a uma esfera mais material, exigindo provas concretas onde, na realidade, temos o vácuo da dor; dentro da ausência material da prova temos, assim, as dores da alma.

Esse preconceito sobre o que é realmente o dano moral, qual a sua abrangência e quanto caberia de indenização às vítimas é matéria espinhenta, que atinge um *modus operandi* do direito nacional.

As medidas aplicadas pelos julgadores e também pelos Advogados(as) e partes, seguem uma visão restrita, baseada em si mesmos, trazendo sempre o referencial com os ganhos pessoais, se buscando um paralelo a padrões mensuráveis de ganho, sempre baseados e sobre o embalo do antigo preconceito sobre o "dano moral".

Todos nós ainda carregamos uma estima baixa, alicerçada na concepção de que esse tipo de dano é no fundo a velha fórmula do ganhar muito com pouco trabalho. A imaterialidade da prova alimenta essa monstruosidade e cria tal concepção errônea de que o dano moral é o primo pobre do dano material e dos lucros cessantes.

Este trabalho tenta demonstrar uma nova maneira de ver o dano moral, tenta girar o prisma visando a outras realidades de abordagem. À medida que aumentamos nosso conhecimento sobre esse tipo de dano, conseguimos baixar a neblina do preconceito alicerçado, desmascarando as reais intenções plantadas nas concepções antigas. Podemos perceber surpresos que a aplicação do dano moral tem o condão de modificar vidas, mas não só as vidas que litigam, mas toda a extensão desse termo, alavancando um futuro melhor e mais pleno, tanto à vítima quanto ao agressor, restando à sociedade a clara concepção que os caminhos violadores devam ser evitados, e com isso se aumenta o respeito mútuo e a dignificação do ser humano. Também tenta demonstrar que o valor condenatório tem de ser alto e significativo, descolado da ideia do rendimento individual, mas agregado à concepção de um ensinamento coletivo através da aplicação sistemática de uma nova cultura.

Como seres humanos, estamos inseridos numa vida animal, e nosso aprendizado vem ainda e sempre transmitido para gerações futuras numa sequência de nossos ancestrais. A vida moderna sedimentou nossa condição a uma enormidade de facilidades e qualificações. A medicina nunca esteve tão apurada em curas, tratamentos e evolução; o universo é uma realidade pensada e vivida pelo homem; o tempo e o espaço ficaram curtos; temos comunicações cada vez mais rápidas e eficazes; o mundo firmou o conceito de pequena aldeia e nunca estivemos tão próximos uns dos outros como agora. Deveríamos estar felizes, mais plenos, mais senhores de nossas vidas, mas a realidade demonstra o contrário. As drogas já não têm o encanto de outrora, são agora muito mais destrutivas, nossas viroses em detrimento de nossa "avançada" medicina são agora incógnitas sem solução, que avançam sobre nós cada vez mais especializadas e sempre sobre novas roupagens. Nossa tecnologia e rapidez de comunicação, ao invés de agregar e aproximar as pessoas, tornam a cada dia maior a sensação real de solidão e desamparo entre os homens. Temos tanta ou mais miséria no mundo do que há alguns séculos atrás, mas pior do que tudo isso, estamos mais sofisticados e finos nos nossos preconceitos. Em nome do mesmo Deus ou Divindade, matamos muito mais e com maior crueldade do que épocas passadas. Sedimentamos um novo conceito de solidão cercados de gente por todos os lados, vivemos cada qual em uma ilha. As tragédias cotidianas já são nossa rotina estampada nos jornais e meios de comunicação em massa. Desenvolvemos formas de amor imaterial, em redes sociais que estampam a nossa verdade virtual. Hoje somos seres mais encouraçados. Andamos em lugares lotados, dirigimos uns ao lado dos outros, cada qual fechado em seu automóvel, seja em que estação do ano for. O transporte público carrega uma massa isolada por fones, *tablets*, celulares, embalados pela internet, não raro muitos possuem televisão ou vídeos, numa referência solitária, como se todos nós estivéssemos numa sala de espera. Desenvolvemos uma realidade virtual, a chamada "nuvem" das informações, temos milhões de dados e informações circulando sobre e entre nossas cabeças e corpos, mas cada qual isolado em seu campo, em sua própria imagem projetada. Somos hoje menos que números. Somos o registro das empresas de telefonia, somos os lares banhados pelas televisões fechadas, pelo número "ip" de nossos micros, somos nossa conta no banco, nosso cartão de crédito e outras tantas parafernálias digitais. Já não vivemos o momento, preocupados que estamos em registrar tudo com nossos celulares, visando à sustentação de nossa imagem virtual. Hoje vivemos o nosso próprio engano pessoal, criamos uma realidade embalada no sonho e sufocamos nossa condição humana pela condição sonhada, pelo ideal imaginário, e abarcamos na mesma volatilidade do espaço, teimando numa vida paralela e triste, distante, abismalmente, de nossa própria condição. Nossos carros estão cada vez mais velozes, nossos tênis que quase flutuam, nossas casas compradas ou sonhadas com dinheiro abstrato, forçando uma realidade a cada dia mais frustrante, alimentados numa doença mundial de consumo, quem não tem, quer ter, quem tem, quer mais.

Essa volatilidade da vida, essa abstração solitária de cada um de nós, nos afasta de nossa essência, tomando como realidade aquilo que nunca existiu.

Frente a essa consumação da vida moderna tão abstrata, seria supor de menos que os danos incutidos e praticados ao outro tivessem materialidade, enquanto a própria vida, cada dia mais, se torna uma realidade intangível. É evidente que o dano praticado ao semelhante também assume esse papel corpóreo fantasmagórico. E sobre essa premissa que devemos nos debruçar. Frente a essa condição é onde reina o silêncio do dano. Portanto, todo o cuidado é pouco para se identificar os reflexos e a existência da lesão do dano. Andamos como deficientes visuais, amparados em nossa bengala como extensão de nosso corpo. Lidamos com a total imaterialidade, com a concretização do virtual, porém as sequelas são sentidas no corpo; a vivência, por mais abstrata que seja vivida, deixa marcas profundas na psique do ser, como uma tentativa de sobrevivência de uma consciência adormecida, cobrando um alto preço pela abstração do dano e da dor, da agressão e da lesão.

Essa é a nova realidade, que bate às portas do direito, também cada vez mais virtual, e sobre o qual tentamos demonstrar a seriedade do tema e a eficaz ferramenta para o início de uma modificação social, baseada no efeito e na causa.

Como nos diz o poeta Mário Quintana no poema "Os degraus":

Não desças os degraus do sonho.

Para não despertar os monstros.

Não subas aos sótãos – onde

Os deuses, por trás das suas máscaras,

Ocultam o próprio enigma

Não desças, não subas, fica.

O mistério está é na tua vida!

E é um sonho louco esse nosso mundo...[1]

---

[1] QUINTANA, Mário. *Quintana de Bolso:* Rua dos Cataventos & Outros Poemas!. Porto Alegre, 2012. L&PM Pocket.

CAPÍTULO 1

O QUE É O DANO MORAL?

Todo o ato ilícito, praticado por alguém que causa dano a outrem, a um terceiro, é indenizável. Essa premissa antiga do direito tomou a relevante extensão de buscar também aquele dano invisível, não mensurável, de difícil constatação, o chamado dano moral.

Assim, o que seria o dano moral, sendo uma lesão quase intangível, um dano que não se pode ver, constatar. Esse é o grande dilema da questão. Dessa forma, sem desejar abarcar num conceito a definição de dano moral, poderíamos dizer que *dano moral são todas aquelas lesões que atingem a afetividade, o emocional, o psíquico do ser humano, são também chamados danos na alma, em referência justamente a esse critério volátil e imperceptível, próximo dessa ideia de alma.*

Para que se possa imaginar a existência do dano moral, há que se considerar a problemática da existência do homem, sua fragilidade à mercê da vida e sua dor filtrada pela racionalidade (consciente ou não) de suas ideias. A partir da constatação do pensamento, da consciência do existir em grupo, do desgaste e embate dessa convivência entre os iguais, nasce a lesão praticada por outro ser humano, no sentido de incutir no lesado uma sensação próxima à tristeza, a um desânimo, a uma fraqueza de reação ou simplesmente a uma vergonha silenciosa, espelhada na imagem que cada um de nós constrói dentro desse grupo social.

Essa lesão, tal qual a memória, sobrevive no mundo das ideias, retornando a todo o momento à racionalidade, alterando o real entendimento da vida, potencializando uma insuportabilidade do convívio dentro do grupo. Não raras vezes, a resposta do organismo violado é uma espécie de explicação, quase uma legítima defesa, mas que não consegue afastar a profundidade racional do dano em nossa mente.

Poderíamos dizer que dano moral são tipicamente lesões no cérebro, no nosso mais profundo entendimento sobre nós mesmos.

Dessa forma, a atualidade e vida moderna aumentaram e sofisticaram os danos morais a um patamar realmente a ser considerável como muito importante.

A grande maioria das pessoas sofre diariamente investidas injustas, ilegais e prejudiciais a seu conceito próprio. Sofrem caladas, porque a vida moderna incutiu a realidade da solidão, do ser sem existir, e com isso fica o terreno fértil para o plantio das lesões. Todo o dia adentram de alguma forma na vida de milhões de seres humanos os danos cunhados de forma industrial, e as pessoas, empilhadas e agrupadas em grandes grupos, vão lentamente perdendo a individualidade e acreditando que os danos sofridos fazem parte da própria vida, da modernidade.

A maior parte dos danos morais no Brasil vem embrulhada nas relações de consumo, mas também verificamos forte constatação em violações das mídias audiovisuais, basicamente a televisão aberta, dentro de programas com tendência a baixa qualidade, que buscam nas audiências o sensacionalismo popular, alavancando sucessivas violações.

Atualmente, as grandes vilãs dessa história são a internet e as redes sociais. Nesse caso, a descoberta da violação, a extensão do dano e sua autoria vêm dissipadas na nuvem virtual, sendo tarefa árdua e muitas vezes impossível de serem realizadas. Porém, o dano é tão ou mais poderoso do que todos. Tem o condão de criar uma lesão permanente e podem jogar a vítima a uma situação de total insuportabilidade de seguir convivendo no seio do seu grupo social.

O dano moral não necessita que se tenha dolo, basta a culpa em uma de suas modalidades: imprudência, negligência, imperícia e que haja um dano no final com nexo de causalidade entre ambos. Parece uma identificação simples, mas não é.

Uma das questões mais controvertidas é justamente pontuar quando uma atitude é ilícita e tem culpa. Aos mais afoitos a resposta parece elementar: ato ilícito é tudo que é contrário à lei. Mas nas lesões de dano moral nem sempre a lei consegue prever a maioria dos atos, forçando a que os aplicadores do direito tenham de fazer um esforço para encaixar a questão do dano moral.

Em verdade, o ato ilícito para caracterização do dano moral tem uma eficácia menor. Devemos ter o ato ilícito em abordagens interpretativas mais abertas. Temos, por exemplo, a violação por uma portaria, uma resolução de um Conselho de categoria profissional, um Código de Ética, a norma de um clube ou mesmo uma questão baseada num direito consuetudinário (os costumes). Temos também o ato ilícito, numa conduta maldosa, que molda a terminologia da litigância de má-fé.

Isso faz parte de uma concepção sobre o dano moral, que necessita ser aberta, pois esse dano, como já dito, é quase sempre imaterial e intangível.

Portanto, o principal é verificar as consequências do dano, a lesão em si e suas marcas. Mas isso trataremos com mais esmero nos capítulos seguintes.

1.1 Os elementos caracterizadores do dano
1.1.1 Geral

A premissa básica do dano moral vem alicerçada em alguns elementos. Isso significa que temos de ter:

Em Primeiro: uma vítima, que narre o sentimento de violação, que sofra o ato ilícito. Essa agressão há que ser injusta e direcionada a esse terceiro.

Em Segundo: que essa violência venha embasada pela culpa, através da imprudência, imperícia ou negligência do violador.

Em Terceiro: o dano em si como marca e lesão fixada num ser humano, mesmo que seja fruto de uma construção hipotética do homem, como as pessoas jurídicas. Aqui cabe ressaltar que as pessoas jurídicas podem ser vítimas de lesão por dano moral, ainda que esse aspecto seja em número bem menor. Preferimos, em nossa abordagem sobre dano moral, sempre buscar a questão humana, pois, como todos sabemos, as pessoas jurídicas são uma abstração do real, são criadas e mantidas por homens e, assim, em última análise, as lesões vão sempre atingir à psique das pessoas. Uma ofensa a uma marca comercial, por exemplo, é ao final, uma ofensa à criação de um homem, uma violação que atinge a afetividade de pertencer a algo, de possuir e de criar. É a sensação de desrespeito, de furto, de usurpação, podendo estar associado a uma prática sem ética comercial o que nos aproxima do conceito da má-fé.

Em Quarto: que haja nexo de causalidade entre todos os elementos. Isso pressupõe que cada item precisa sobreviver ligado ao outro. Poderíamos afirmar que na falta de um dos elementos não há como se aplicar o dano moral. A complexidade de sua caracterização é uma garantia justa para a correta aferição da existência do dano, no árduo trabalho de sua identificação. Isso cria um contexto sólido e prepara um caminho relativamente seguro aos operadores do direito quando do enquadramento de um caso específico à luz do dano moral.

Na sequência, abordaremos cada elemento pelo prisma do dano moral.

1.1.2 Ato ilícito

Numa abordagem simplista, ato ilícito seria todo ato contrário à lei.

Por ato ilícito, se deve abarcar a noção clássica como ensina Washington de Barros Monteiro em sua célebre obra *Curso de direito civil*:

> ato ilícito também é ato de vontade, mas que produz efeitos jurídicos independentemente da vontade do agente. [...]
> ato ilícito constitui delito, civil ou criminal, e, pois, violação à lei.[2]

E complementa a definição:

> Por outras palavras, o direito à indenização surge sempre que o prejuízo resulte da atuação do agente, voluntário ou não. Quando existe intenção deliberada de ofender o direito, ou de ocasionar prejuízo a outrem, há o dolo, isto é, o pleno conhecimento do mal e o direito propósito de o praticar. Se não houve esse intento deliberado, proposital, mas o prejuízo veio a surgir, por imprudência ou negligência, existe a culta (stricto sensu).[3]

Temos em civilistas mais modernos, mas já tomando o prumo de clássico, com Caio Mário da Silva Pereira:

> O indivíduo, na sua conduta anti-social, pode agir intencionalmente ou não, pode proceder por comissão ou por omissão, pode ser apenas descuidado ou impudente. Não importa. A iliceidade de conduta está no procedimento contrário a um dever preexistente. Sempre que alguém

---

[2] MONTEIRO, Washington de Barros. *Curso de direito civil*. São Paulo: Saraiva. 1960. Parte Geral, p. 283.
[3] *Ibidem*, p. 284.

falta ao dever a que é adstrito, comete um ilícito, e como os deveres, qualquer que seja a sua causa imediata, na realidade são sempre impostos pelos preceitos jurídicos, o ato ilícito importa na violação do ordenamento jurídico. Comete-o comissivamente quando orienta sua ação num determinado sentido, que é contraveniente à lei; pratica-o por omissão, quando se abstém de atuar, se devera fazê-lo, e na sua inércia transgride um dever predeterminado. Procede por negligência se deixa de tomar os cuidados necessários a evitar um dano; age por imprudência ao abandonar as cautelas normais que deveria observar; atua por imperícia quando descumpre as regras a serem observadas na disciplina de qualquer arte ou ofício.[4]

Ou ainda Orlando Gomes em sua obra *Obrigações*:

Situação diferente resulta de um ato praticado contra direito, ou, seja, de um ato infringente de norma jurídica do qual resulta dano a outrem. A violação atinge frontalmente a disposição legal que confere a todas as pessoas o mesmo direito como atributo da personalidade. Importa, por conseguinte, lesão a um direito subjetivo. A reação, nesse caso, é outra. Quem causou o dano é obrigado a repará-lo, se capaz de entender e de querer. Esse é o domínio da ilicitude, um dos aspectos mais importantes da intijuridicidade. Chama-se ato ilícito o que é praticado nessas condições.[5]

Todo ato em si pressupõe agente capaz. Assim, o ato tem de ser praticado por uma pessoa, que externe a sua vontade, consciente ou não, cuja manifestação ou omissão culmine na ilicitude. Mas nem tudo pode ser englobado em conceito fácil do lícito ou ilícito, numa transmutação do *Ying e Yang* da cultura chinesa.

Nada é tão evidente quanto parece. As normas são criadas pelo homem, através de uma tentativa de tipificar atitudes e condutas, de regrar as formas das relações humanas, criando uma expectativa de harmonização previsível da sociedade. Nem todo ato ilícito encontra respaldo numa norma escrita, mas de alguma forma a ilicitude tem de carregar a ideia nefasta do mal, do obscuro, de algo contrário à realização do bem.

---

[4] PEREIRA, Caio Mário da Silva. *Instituição de direito civil*. Rio de Janeiro: Forense, 1991. v. I, p. 452.
[5] GOMES, Orlando. *Obrigações*. Rio/São Paulo: Forense, 1961, p. 339.

É importante lembrar que podemos ter ato ilícito num ato omissivo, como, por exemplo, no descuido do dever de vigilância, na inexistência do laço de afeto nas relações entre pais e filhos (bem mais complexo do que essas linhas – chamado dano moral por abandono afetivo ou dano afetivo), também poderemos ter ilicitude na violação de um hábito, de um costume como numa sociedade recreativa, uma cooperativa, um clube ou até mesmo numa confraria. Não importa muito a diversidade das razões, mas sempre estaremos ligados a um grupo, a mais de uma pessoa, a no mínimo uma bilateralidade em que subsista de alguma forma regras de conduta, que podem estar até mesmo numa simples placa com os dizeres: "Não pise na grama", "Não jogue lixo", "Recolha os dejetos de seu animal", etc. O importante é que se tenham relações humanas, condutas prévias, estipuladas por regras reconhecidas pelo grupo. Aqui a premissa antiga do direito é verdadeira: meu limite vai até o direito do outro.

Portanto essa noção do ato ilícito para o dano moral é muito mais larga e manejável do que uma simples norma estampada num texto. Isso é possível constatar quando verificamos que a vida tem uma medida ilimitada de formas nas relações humanas, constantemente se sofisticando, modificando, se transformando. À medida que avançamos (ou às vezes nem tanto), as formas de relações também se modificam e com isso também as formas de dano e, consequentemente, os atos ilícitos. Há alguns anos ninguém conseguiria imaginar o que seriam as redes sociais com toda essa força que tem hoje.

Não podemos cristalizar o que vem pelo futuro. Podemos sonhar, cogitar, divagar, mas não materializar o futuro e suas transmutações. Como refere Dalai Lama: "Só existem dois dias no ano que nada pode ser feito. Um se chama ontem e o outro se chama amanhã. Hoje é o dia certo para amar, acreditar, fazer e principalmente viver".

O ato ilícito para o dano moral é quase como o reflexo do espelho, acompanha sempre a nossa evolução, devolvendo em nossa imagem aquilo que destoa, que agride, que necessita de uma classificação, mesmo que para um alívio temporário de nossa angústia pelas regras de convívio social.

Assim, o ato ilícito poderia se encaixar nessa noção de necessária harmonia do grupo social, na ideia de ilicitude presente na violação dessa harmonia. Mas, vejam bem, essa ideia de consenso tem de passar por uma coletividade, por uma evolução do pensamento (o aprendizado que se transmite) e sempre será aplicado na forma coletiva.

Poderia afirmar que resta afastada a concepção de uma tirania de um pequeno grupo sobre uma maioria, como presidência de um grupo, de uma associação, de uma cooperativa de uma sociedade. As regras, para terem um caráter de ilicitude, ou nascem da forma correta, como surgem as leis, ou precisam de um processo natural de história e evolução no seio de um grupo, até formar o conceito do que é ruim, do que é ilícito, ou, melhor ainda, de formar o conceito do correto, do lícito. Aquilo que resta em desarmonia nos dá claros sinais da ilicitude. Como diz uma das parábolas de Jesus (Mateus 13:24-30): "É preciso separar o joio do trigo".

Essa plasticidade do ato ilícito para a caracterização do dano moral toma de empréstimo também esse caráter volátil e intangível presente na ideia da moral.

1.1.3 Culpa

A culpa, de maneira geral, será sempre a responsabilidade incutida numa atitude, será sempre o chamamento à razão, a hora derradeira da união entre o inconsciente e o consciente. Numa metáfora, seria a hora do juízo final, a hora de prestar contas.

É composta por três elementos clássicos: imprudência, imperícia e negligência, ou seja, quase toda a conduta humana cabe dentro desses três elementos, difícil mensurar alguma atitude humanamente perceptível que escape desse tripé.

Mas, como já vimos, não é somente a culpa isolada que pode levar a uma caracterização do dano. Isoladamente não é capaz de forjar o direito a reparação, mas talvez de todos os elementos, ela seja a mais poderosa, a rainha dos elementos compostos na caracterização do dano moral.

Onde, então, estaria o peso da culpa na conduta humana a ponto de ensejar uma condenação por dano moral?

As relações humanas são feitas de contato, de trocas, do interagir, seja em que esfera for, inclusive através do contato intangível e abstrato. Devemos salientar, entretanto, que esse contato intangível é o mais moderno e atual entre as pessoas, como o contato digital através da internet e sua nuvem repleta de conexões invisíveis e infinitas, quase a própria ideia de cosmos num universo perceptível, mas inimaginável, a materialidade do imaterial.

A percepção de uma conduta culposa capaz de ensejar um dano requer um olhar mais treinado, mais sensível. Assim, a visão de culpa do agir humano estará sempre atrelada ao outro. Da mesma forma que necessitamos do outro para nossa complementação, a culpa precisa ter uma razão de existir, ela só subsiste no mundo real e jurídico se suas consequências atingirem alguém. Já falamos que esse alguém pode se revestir de muitas roupas e formas. O agente ativo e passivo do ato culposo pode ser tanto uma pessoa, quanto um ente abstrato (como uma pessoa jurídica, uma marca, um Estado, etc.) ou até mesmo uma coisa, um objeto, um animal ou mesmo uma ideia lançada na internet, nas redes sociais, num bate papo informal. Mas sempre será motivada pela conduta humana e, em última instância, terá sempre no seu núcleo o ser humano e a manifestação de vontade, consciente ou inconsciente, ativa ou omissiva, silenciosa ou com som e imagens. Havendo na outra ponta a vítima, que também toma essas diversas formas, carregando igualmente na sua essência o ser humano. Portanto, na composição de culpa, teremos sempre duas ou mais pessoas, numa relação.

Fica mais fácil elucidar os elementos que compõem a culpa se entendemos que todos nascem desse jogo de pingue-pongue entre duas pessoas, entre relações de seres humanos e o seu interagir. Por mais abstrata que seja a relação, sempre haverá a condição humana a embalar as atitudes e as lesões, tendo inclusive na parte passiva o molde do dano, que toma essa feição psíquica, interna, no nosso emaranhado de emoções. No reino animal também vislumbramos comoventes demonstrações de amor e de ódio, de sofrimento e compaixão, mas em nenhum outro animal isso é tão intenso como nos seres humanos, pois é justamente nessa capacidade de fabricar e potencializar a dor, a vivência e a imaginação que as condutas humanas são focadas dentro de uma licitude ou ilicitude, dentro de uma conduta normal e salutar ou uma conduta culposa.

Nisso seguimos os três clássicos elementos da culpa no direito:

Imprudência:
São aquelas atitudes nefastas, movidas pelo ideal despótico, um ego inflado ou mesmo um adulto com atitudes infantis. São aqueles atos que normalmente a pessoa não faria se pensasse melhor. Seria temerário afirmar, mas poderíamos dizer que são as atitudes impulsivas, o reflexo a uma ordem emocional negativa do cérebro, fazendo uma conduta destituída do cuidado necessário, do zelo com as consequências da atitude tomada. Os exemplos são muitos, mas podemos elencar alguns, como a velocidade ao dirigir um veículo, a embriaguez involuntária (há que se cuidar quanto ao dolo eventual), os comentários nas redes

sociais sobre alguém, algo ou mesmo um fato, o desejo de vingança que toma forma e gesto, a brincadeira desproporcional e de mau gosto, a propaganda de um produto sobre a desgraça alheia (ou mesmo os jornais, no abuso da divulgação de uma notícia, com invasão da vida de terceiro), as pegadinhas nos programas televisivos, os trotes exagerados dos universitários, enfim, uma gama quase infinita de ações e omissões humanas.

Assim imprudência será sempre esse impulso, esse agir de forma inconsequente, quase um ímpeto, um impulso, o deixar acontecer, o reflexo de instinto nem sempre mal, de intenção ruim, mas com um fim causador da violação da intimidade de alguém.

Negligência:
Ser negligente é ter pouco cuidado ao executar e fazer algo, é ignorar regras básicas de respeito e convivência em grupo, é deixar de prestar atenção ao outro. A negligência é sempre uma atitude de destemor, quase uma sensação de superioridade aos outros.

Demonstra um desrespeito a regras de convivência mínimas. Portanto, a falta de consideração ao outro, a falta de atenção e cuidado importa, havendo dano na obrigação de indenizar.

Seria o caso da autoconfiança exagerada, da prepotência, como de um profissional ao executar sua tarefa. Os exemplos são muitos, um piloto que faz manobra fora dos padrões, que deixa de tomar as precauções de rotina, de um médico que toma medida precipitada de diagnóstico, do farmacêutico que manipula a medicação de forma distraída, do padeiro que não cuida o tempo para assar o pão, etc. Em todos os exemplos de negligência, temos sempre o requisito próprio da condição humana que é essa confiança perigosa que todos nós temos ao executar as tarefas rotineiras, as que mais parecem banais é onde efetivamente residem as tragédias. A vida já nos deu e continuará dando, infelizmente, inúmeros e infindáveis casos.

Imperícia:
Aqui a história é outra. Ter imperícia é o contrário da negligência, é não estar apto e capaz para realizar um ato, uma tarefa. É tomar para si uma função com a qual não se está preparado.

A imperícia pode transpassar mesmo pelo profissional devidamente registrado e legalmente habilitado para a função. Na realidade, é todo ato malfeito, todo ato que resulta em erro, mas esse erro tem de estar relacionado com o desconhecimento do fazer.

Temos inúmeros exemplos, como o médico ao proceder a uma prescrição medicamentosa, uma intervenção cirúrgica, uma decisão de procedimento (importante atentar a exceção como uma urgência médica ocasionada numa emergência, teríamos uma excludente da ilicitude). Temos também o advogado, ao perder um prazo (muito embora seja difícil mensurar o dano, visto que o recurso é apenas uma tentativa de modificação da situação do cliente, não ensejando necessariamente a procedência desse recurso, com modificação do julgado inicial, há que se sopesar expectativa de direito com dano real), ao ingressar com o recurso errado, com ação indevida. Temos com o profissional de marcenaria, de serralheria, que ao realizar o serviço resta execução malfeita, com defeitos, que podem, inclusive, impedir o uso da coisa. Mas ser imperito atinge qualquer ofício ou função. Talvez, poderíamos afirmar que atinge qualquer ato humano realizado com vontade, com disposição, com discernimento, com responsabilidade para o seu fim, e isso pode abranger inclusive os cuidados de uma mãe ou de um pai com os filhos, sobrinhos, netos, etc. Pode estar presente nas coisas mínimas, como manobrar um carro, chamar um taxi na rua, colocar uma placa luminosa em via pública, bloquear uma calçada (para reforma ou manutenção, sem a devida orientação do trânsito de pedestres) e assim também vamos ao infinito nas exemplificações.

Podemos ter apenas um dos elementos da culpa e isso já será suficiente para dar-lhe vida e suporte. Podemos ter mais de um elemento dentro da mesma ação, o que não majora, apenas qualifica com mais ênfase a culpa.

A culpa também tem esse elemento emocional, também vem embalada em forte dose psíquica movida justamente pela mesma razão humana que tão bem caracteriza o dano moral. A culpa, apesar de mais material, mais física e mais constatável, também possui esse lado "inconsciente", esse lado obscuro, cuja materialidade é de difícil visualização.

Incutir culpa a alguém é, acima de tudo, reconhecer neste a sua condição humana. Ter sido o causador da dor é uma complementação do elo à própria lesão, quase como a luz e a sombra. Assim, os mesmos elementos emocionais que forjam o dano moral estão presentes na culpa e na atitude tipicamente humana do violador. As virtudes e fraquezas humanas são o tempero para o bolo do dano moral. A ganância, a prepotência, o poder, o desprezo, mas também a compaixão, o amor ao próximo e a caridade são todos coirmãos, habitando o mesmo universo humano, dentro de nossa dolorosa e bela consciência ou inconsciência dos atos.

A culpa nos lapida a alma no sentido de sermos humanos e, nessa condição, sermos imperfeitos e errôneos.

1.1.4 Dano

O dano é a constatação da violação, é a lesão final, a marca deixada.

Nem sempre se conseguirá reconhecer a lesão e muitas vezes, talvez, nem mesmo o dano aparecerá num primeiro momento. As lesões de dano moral, como já dito, são psíquicas e, por essa razão, invisíveis são voláteis e possuem um caráter essencialmente abstrato, cuja constatação nem sempre pode ser feita na hora. As marcas, em muitos casos, só vêm a aparecer muitos anos após a ação do ato danoso e pode perdurar por longo tempo.

A definição clássica de dano alicerça sempre a lesão a terceiro, que enseja reparação civil. É um conceito embasado nos demais elementos, aliás, como em quase todas as definições em direito, mas principalmente no dano moral.

Haverá danos que terão uma caracterização tão limpa e cristalina, com fácil apreensão. São os chamados danos puros ou *dano in re ipsa*, e por essa razão não denotam necessidade de comprovação, eles subsistem isoladamente, cabendo aos aplicadores do direito apenas mensurar o *quantum debeatur* indenizatório.

Mas salvo a evidência desses danos simples ou mesmo os mais comuns, relacionados, por exemplo, nas relações de consumo, na negativação do nome do consumidor, no extravio de uma bagagem em viagem, na expectativa de um direito frustrada ou em várias outras situações mais evidentes e claras. O problema reside nos danos invisíveis, aqueles mesmos adormecidos, incrustados no âmago do ser. Esses danos, que muitas vezes só vão aflorar alguns anos após sua concepção, é que necessitam de uma sensibilidade maior do julgador, uma acuidade de espírito. Esses danos estão relacionados intimamente com a essência do ser, são tão fortes que chegam a moldar essa própria essência, como a divulgação de uma imagem indesejada na internet, uma piada divulgada no seio do grupo social, um abandono parental, um preconceito externado, um gesto, um silêncio, um ato fatal, que desencadeia a máquina humana através da química cerebral funcionando como um motor, criando a leitura da dor em repetidas e sistemáticas violações internas. Como na queda da primeira peça do jogo de dominó, empilhados assim, lado a lado, que vão caindo em sequência. O dano moral também é assim. O lesado, nesse tipo de dano, tenderá a ter uma baixa autoestima ou significamente rebaixada pelo dano, será escravo de uma sensação de desvalia acentuada. Como no *bulling* estudantil ou nas relações de trabalho, como na negativa de cobertura de um seguro, de uma brincadeira televisiva ou mesmo de uma punição midiática, como nos estádios de futebol.

Hoje ainda temos uma interpretação jurisprudencial em considerar que o mero descumprimento contratual, mero dissabor atrelado ao convívio social não geram direito ao dano moral. Como se observa por alguns dos inúmeros julgados pelo Tribunal de Justiça do Estado do Rio Grande do Sul:

> Ementa: RESPONSABILIDADE CIVIL. BANCO. CONSUMIDOR. DANO MORAL. A responsabilidade do fornecedor está disposta na regra do art. 14 do CDC. No caso, não houve o ressarcimento de imediato de valor ao consumidor. Na situação exposta nos autos, a indenização por dano moral não deve ser afirmada. O pedido de indenização por dano material foi julgado procedente. A violação do direito da personalidade motiva a reparação do dano moral. O sofrimento imposto à vítima deve possuir certa magnitude ou dimensão. Do contrário, constitui mero aborrecimento da vida diária, que não é apto a gerar obrigação de indenizar. Apelo não provido. (Apelação Cível nº 70074203431, Décima Câmara Cível, Tribunal de Justiça do RS, Relator: Marcelo Cezar Muller, Julgado em 27.07.2017)
>
> Ementa: APELAÇÃO CÍVEL. DIREITO PRIVADO NÃO ESPECIFICADO. TELEFONIA. AÇÃO ANULATÓRIA. ÔNUS DA PROVA. DANOS NÃO CARACTERIZADOS. – In casu, a parte autora não logrou êxito em provar os fatos constitutivos do direito alegado, mesmo considerando a incidência do CDC ao caso, cabia à autora a prova do fato constitutivo de seu direito. – O mero aborrecimento, decorrente de uma violação de relação negocial, por si só, não gera direito ao recebimento de indenização por dano moral. APELO DESPROVIDO. (Apelação Cível nº 70074148610, Décima Sétima Câmara Cível, Tribunal de Justiça do RS, Relator: Gelson Rolim Stocker, Julgado em 27.07.2017
>
> Ementa: APELAÇÃO CÍVEL. DIREITO PRIVADO NÃO ESPECIFICADO. AÇÃO DECLARATÓRIA DE INEXISTENCIA DE DÉBITOS E INDENIZAÇÃO POR DANOS MORAIS. TELEFONIA MÓVEL.

MENSAGENS ITERATIVAS/ PUBLICITÁRIAS. DESCONTOS DE CRÉDITO. DANOS MORAIS. NÃO CONFIGURADOS. MERO DISSABOR DA VIDA MODERNA. VERBA HONORÁRIA MAJORADA. 1. Eventual recebimento de mensagens ofertando produtos e serviços por meio do serviço móvel, no plano pré-pago, não tem o condão de se transformar em acontecimento extraordinário a ponto de gerar indenização, razão pela qual mero aborrecimento do cotidiano não justifica a indenização por danos morais. 2. Caso em que o valor arbitrado na origem a título de honorários de sucumbência mostra-se irrisório. Assim, tendo em vista que os honorários devem ser arbitrados consoante apreciação equitativa pelo juiz e levando-se em consideração a natureza e o valor da ação e o trabalho despendido pelo profissional, imperiosa a majoração da verba honorária para R$ 600,00 (seiscentos reais), nos termos do artigo 85, §2º e §8º, do Novo Código Processual Civil. Precedentes desta Câmara. RECURSO DE APELAÇÃO PARCIALMENTE PROVIDO. (Apelação Cível nº 70073663569, Décima Quinta Câmara Cível, Tribunal de Justiça do RS, Relator: Adriana da Silva Ribeiro, Julgado em 26.07.2017)

Ementa: APELAÇÃO CÍVEL. DIREITO PRIVADO NÃO ESPECIFICADO. AÇÃO DECLARATÓRIA DE INEXIGIBILIDADE DE COBRANÇA C/C RESCISÃO CONTRATUAL E INDENIZAÇÃO POR DANOS MORAIS. TELEFONIA MÓVEL. COBRANÇA INDEVIDA. DANO MORAL NÃO CONFIGURADO. A cobrança indevida de serviços ou valores não gera, por si só, o dever de indenizar. A parte autora não teve seu nome inscrito no rol de inadimplentes. Configurada a hipótese de mero transtorno e aborrecimento. AjG. Litigando a parte sob o pálio da gratuidade da justiça, a condenação em honorários advocatícios sucumbenciais fica suspensa. Diante da parcial procedência da demanda, deve haver a distribuição dos ônus sucumbenciais de acordo com o decaimento de cada parte. APELO PARCIALMENTE PROVIDO. (Apelação Cível nº 70074415555, Vigésima Câmara Cível, Tribunal de Justiça do RS, Relator: Glênio José Wasserstein Hekman, Julgado em 26.07.2017)

Mesmo dentro do Superior Tribunal de Justiça, STJ, também temos inúmeros julgados que caminham no mesmo sentido, em decisões recentes:

AGRAVO INTERNO NO AGRAVO INTERNO NO AGRAVO EM RECURSO ESPECIAL. AÇÃO DE INDENIZAÇÃO. APLICAÇÃO DE VACINA VENCIDA. DEFICIÊNCIA NA PRESTAÇÃO DO SERVIÇO. AUSÊNCIA DE DEMONSTRAÇÃO, NO CASO, DO DANO MORAL INDENIZÁVEL. AGRAVO IMPROVIDO.

1. Conforme o entendimento desta Corte, ainda que a responsabilidade seja objetiva, é imprescindível a comprovação do dano e do nexo de causalidade pelo consumidor para que haja a condenação a danos morais.

2. No caso em espécie, conforme consta do acórdão recorrido, apesar de terem sido aplicadas vacinas vencidas e ineficientes aos autores, o que configura defeito na prestação do serviço, os danos foram apenas presumidos. De outro lado, eles foram revacinados, assim que constatada a irregularidade, inclusive, sem nenhum custo adicional.

Além disso, não foi retratado nenhum efeito colateral proveniente daquelas vacinas.

3. In casu, a aplicação de vacina vencida, por si só, não é capaz de ensejar a reparação por danos morais, uma vez que não foi constatada nenhuma intercorrência que pudesse abalar a honra dos autores ou causar-lhes situação de dor, sofrimento ou humilhação. Embora seja inquestionável o aborrecimento e dissabor por que passaram os ora recorrentes, estes não foram suficientes para atingir os direitos de personalidade, enquanto consumidores, a ponto de justificar o dever indenizatório.

4. Agravo interno a que se nega provimento.

(AgInt no AgInt no AREsp nº 869.188/RS, Rel. Ministro MARCO AURÉLIO BELLIZZE, TERCEIRA TURMA, julgado em 09.03.2017, DJe 21.03.2017)

AGRAVO INTERNO NO RECURSO ESPECIAL. PLANO DE SAÚDE. NEGATIVA DE AUTORIZAÇÃO PARA TRATAMENTO. QUIMIOTERAPIA. CLÁUSULA CONTRATUAL CONTROVERTIDA. DANO MORAL NÃO CONFIGURADO. PECULIARIDADE DO CASO CONCRETO. TRATAMENTO NÃO RECOMENDADO. PRETENSÃO DE REEMBOLSO DO CUSTEIO DO TRATAMENTO PELA AGRAVANTE. SÚMULA 7/STJ. AGRAVO NÃO PROVIDO.

1. A jurisprudência desta Corte entende que, quando a situação experimentada não tem o condão de expor a parte a dor, vexame, sofrimento ou constrangimento perante terceiros, não há falar em dano moral, uma vez que se trata de circunstância a ensejar mero aborrecimento ou dissabor, mormente quando o mero descumprimento contratual, embora tenha acarretado aborrecimentos, não gerou maiores danos ao recorrente. 2. No caso, o Tribunal de origem, mediante análise do contexto fático-probatório dos autos, entendeu não estarem presentes elementos que configurem danos morais a serem indenizados, pois não houve demonstração de nenhum gravame às condições de saúde da recorrente, tampouco a demonstração de que houve transtornos adicionais para a obtenção do dinheiro necessário ao custeio do

tratamento, além de a recusa ter decorrido de cláusula contratual controvertida e de tratamento dispensável para a cura da paciente.
3. Desse modo, a reversão do julgado afigura-se inviável para esta eg. Corte de Justiça, tendo em vista a necessidade de reexame do contexto fático-probatório dos autos, providência, todavia, incabível, a atrair a incidência da Súmula 7/STJ, o que impede o conhecimento do recurso especial tanto pela alínea "a" quanto pela alínea "c" do permissivo constitucional.
4. Agravo interno a que se nega provimento.
(AgInt no REsp nº 1635534/PR, Rel. Ministro RAUL ARAÚJO, QUARTA TURMA, julgado em 21.02.2017, DJe 14.03.2017)

Encontrando sintonia no STF em alguns posicionamentos:

Ementa: AGRAVO REGIMENTAL NO RECURSO EXTRAORDINÁRIO COM AGRAVO. RESPONSABILIDADE OBJETIVA DO ESTADO. CONCURSO. NOMEAÇÃO. DANOS MORAIS E MATERIAIS. VERIFICAÇÃO DA OCORRÊNCIA DO NEXO DE CAUSALIDADE. REEXAME DO CONJUNTO FÁTICO-PROBATÓRIO JÁ CARREADO AOS AUTOS. IMPOSSIBILIDADE. INCIDÊNCIA DA SÚMULA Nº 279/STF. 1. O nexo de causalidade apto a gerar indenização por dano moral e material em face da responsabilidade do Estado, quando controversa sua existência, demanda a análise do conjunto fático-probatório dos autos, o que atrai a incidência da Súmula nº 279/STF que dispõe, verbis: "Para simples reexame de prova não cabe recurso extraordinário".
2. O recurso extraordinário não se presta ao exame de questões que demandam revolvimento do contexto fático-probatório dos autos, adstringindo-se à análise da violação direta da ordem constitucional. Precedentes: AI 850.063-AgR, Rel. Min. Rosa Weber, Primeira Turma, DJe de 25/9/2013 e ARE 720.081-AgR, Rel. Min. Dias Toffoli, Primeira Turma, DJe de 15/4/2013. 3. In casu, o acórdão recorrido assentou: "CONCURSO PÚBLICO. Pretensão à nomeação e posse em concurso a que foi aprovada. AGRAVO RETIDO. Pretensão à concessão de justiça gratuita, provido. MÉRITO. Razões recursais que manifestam inconformismo quanto à não concessão da indenização por danos morais e materiais. Inadmissibilidade. Aprovação em concurso público. Mera expectativa de direito à nomeação e posse que ocorreu posteriormente. O proveito econômico advindo da aprovação em concurso público é condicionado ao respectivo exercício do cargo, sendo a remuneração uma contraprestação pelos serviços realizados. Ausentes os requisitos a ensejar indenização por danos morais. Simples dissabor não caracteriza o

recebimento de indenização por danos morais. Agravo retido provido e improvido o recurso de apelação." 4. Agravo regimental DESPROVIDO. (ARE nº 722518 AgR, Relator(a): Min. LUIZ FUX, Primeira Turma, julgado em 28.04.2015, PROCESSO ELETRÔNICO DJe-090 DIVULG 14.05.2015 PUBLIC 15.05.2015)

A visão, em nosso entender, e vamos falar nisso mais adiante, nos parece equivocada, pois o dano moral deve obedecer à orientação pessoal sofrida e isto não tem muito a ver com o tipo de dano, mas tem muito mais relação com a capacidade individual de suportabilidade do negativo. Aqueles mais suscetíveis e fracos são vítimas fáceis a esse tipo de dano, propensos que estão em potencializar suas fraquezas ou mesmo acentuá-las ou em fazer aflorar as suas dores e ressentimentos já enraizados, que tomam pulso e vida com o dano moldado, numa quase confirmação do que o sentimento já dizia internamente.

Os danos nos interessam nos aspectos morais quando são suficientes a alimentar ou descobrir nas pessoas a sensação da desvalia, do rebaixamento a uma condição quase sempre ligada à diminuição da essência do ser humano.

1.1.5 Nexo de causalidade

A isto chamamos a relação, o fio condutor dos pressupostos do dano moral. Sem o nexo, sem haver relação entre eles não há como forjar a caracterização do dano moral, não há como buscar indenização.

O nexo de causalidade é o elemento condutor, é a justificação de uma materialidade do dano, é a certificação para uma conclusão mais segura sobre o dano moral.

Assim poderemos dizer que o dano moral se completa e subsiste nessa síntese: ter um ato ilícito, com culpa do agente e que desse ato reste um dano, havendo entre eles uma relação, um entrelaçamento que é o nexo de causalidade.

Com isso conseguimos visualizar que o dano moral necessita, sempre, dos três elementos cernes (ato ilícito, culpa e dano) e que eles precisam subsistir juntos, se completarem, estarem entrelaçados. Se isso não ocorrer, o dano moral não se perfectibiliza, silenciando sua eficácia.

Se adentrarmos a fundo nessa relação dos elementos entre si, veremos que dois são fundamentais, o ato ilícito e o dano. A culpa, no bem da verdade, vai sempre existir em alguma de suas modalidades (negligência, imprudência, imperícia), pois o desconhecimento do ato, a ignorância relacionada com o fazer, poderá enquadrar uma imperícia (se tiver relação com algum ofício) ou a negligência, quando for do senso comum, ou seja, não há uma escapatória. Mas estar contrário à lei, à moral, aos bons costumes e à presunção da boa-fé nas relações gera o ato ilícito, que através do nexo de causalidade deve encontrar o dano, ainda que não aparente.

Podemos afirmar que "nexo de causalidade" é a liga do nosso bolo, é a concretização, pela materialidade, da real existência da lesão. É com o nexo de causalidade que se terá a confirmação se o dano havido é um dano moral.

COMO IDENTIFICAR O DANO MORAL

A lesão por dano moral é uma das mais difíceis de ser identificada no ramo do direito. Seus elementos são tão frágeis e voláteis como a própria visualização do dano. Carregam forte motivação humana em seu cerne e, por isso, são mutantes e variáveis, latejantes como enxaqueca ou silenciosos como cárie de dente. Mas estão ali, de corpo e alma para todos aqueles que possam ver. Por essa razão de certa invisibilidade que nos parece de suma importância o treino aos operadores do direito, a preparação para se ter a capacidade de abertura da visão.

Porque o dano moral é tão difícil de ser identificado? Em nosso entender, não é somente o conhecimento técnico a mola a alcançar o reconhecimento do dano. Se fosse apenas isso, uma boa estratégia doutrinária seria suficiente. Mas nesse ponto reside toda a beleza e dor do instituto dano moral. É necessário ao operador do direito se servir de outras roupas. Visitar o caminho da espiritualidade, no sentido de uma concepção epistemológica do conceito de alma. É necessário um desapego de conceitos pré-estabelecidos, uma liberdade de pensamento, uma abstração do preconceito, um adentrar nos meandros nebulosos da mente humana.

Acontecerá de o dano nascer através do ato ilícito, mas não se materializar. Fica, assim, escondido nos meandros da mente, tendo tênues reflexos no organismo da vítima. De repente, por alguma razão externa, um pico de tensão, um estresse violento, ou a repetição das situações do fato lesante e pronto, o dano aflora na mente do ser humano, cobrindo o rosto da vítima com seu véu negro. Nesse momento, os seus sinais são evidentes, há clara manifestação nas atitudes da pessoa, há uma perda emocional através da diminuição do afeto, um pessimismo que inicia a reinar na visão de mundo do lesado e conclui por uma diminuição da vontade, uma aceitação da dor como rotineira. Em alguns casos, há uma forte narrativa de raiva, uma reação virulenta à lesão, o que vem a ser o lado oposto da passividade, outra forma de manifestação da dor.

Em países mais pobres e onde haja um pequeno crescimento cultural, em que as necessidades físicas das pessoas são muito maiores, mais propensas e com níveis mais intensos são praticadas as lesões por dano moral. Nessas localidades, pela própria carência emocional e cultural das pessoas, o dano é um quase subsistir com a própria existência. As lesões são tão repetidas e perpetuadas, envolvendo assim a rotina de um dia a dia, adentrando no contexto social, fazendo parte degradante dessa maneira de fazer a vida nessas comunidades.

Esse significado do dano moral nos aponta justamente para uma das características desse dano: o dano moral é uma lesão que necessita de certa dose cultural para ser identificado, pleiteado e indenizado.

Temos assim quatro pontos fundamentais, na busca do dano:

a) a sua identificação;
b) a consciência da vítima de ter sofrido um dano;
c) a busca pela reparação da lesão;
d) um judiciário que possa reconhecer a legitimidade e a necessidade da condenação por dano moral.

Portanto, podemos afirmar que a maior característica do dano moral é justamente o seu caráter cultural, a sua ligação estreita com a educação, com a sedimentação de conceitos básicos como cidadania, ética, respeito e aceitação das diferenças.

Essa talvez seja a razão de justificar o porquê de as indenizações nos países desenvolvidos serem efetivamente maiores do que naqueles em crescimento e ainda carenciais. Isso ajuda a explicar por que no Brasil ainda temos tanto preconceito ao dano moral, chegando a jurisprudência a afirmar, em muitos casos, que o mero descumprimento contratual, um mero dissabor da vida moderna não geram direito a indenização por dano moral, como já citada jurisprudência de nossos Tribunais.

Em nosso entender, a questão deve ser enfocada de outra forma, pois o descumprimento contratual ou dissabor cotidiano podem, sim, gerar o dano moral, se dessas atitudes movidas por culpa gerarem um dano com nexo de causalidade. Esse dano poderá estar estampado numa expectativa de direito, na fé nas instituições, nas relações humanas, num conceito mais elevado de vida social, num interagir com mais responsabilidade entre as pessoas, numa valorização do respeito e da educação entre seus pares, seus iguais. Porém, esses conceitos básicos e elementares a qualquer ser humano necessitam da superação carencial da sobrevivência diária, como alimento, saúde e habitação. Somente quando já atingidos níveis secundários de evolução no seio social, se pode pensar no dano moral, pois somente a cultura e educação, uma vez superadas essas carências básicas do ser humano, que vão conseguir incutir uma ideia mais material sobre o dano moral.

É muito recente o reconhecimento ao dano moral na jurisprudência e na legislação. Apenas com a promulgação da Constituição Federal de 1988, se inseriu no art. 5º, V, X da CF o reconhecimento ao direito da personalidade.

> Art. 5º Todos são iguais perante a lei, sem distinção de qualquer natureza, garantindo-se aos brasileiros e aos estrangeiros residentes no País a inviolabilidade do direito à vida, à liberdade, à igualdade, à segurança e à propriedade, nos termos seguintes:
>
> V – é assegurado o direito de resposta, proporcional ao agravo, além da indenização por dano material, moral ou à imagem;
>
> X – são invioláveis a intimidade, a vida privada, a honra e a imagem das pessoas, assegurado o direito a indenização pelo dano material ou moral decorrente de sua violação;

São apenas uns trinta anos de efetividade e previsão da matéria na carta magna, apesar de anteriormente a sua previsão termos vários julgados reconhecendo o dano moral.

Mas isso demonstra a fragilidade da caracterização desse dano. A tendência é por um fortalecimento do instituto do dano moral, um respeito maior a sua força e sua capacidade de modificação da forma de relações entre as pessoas, nas suas diferentes facetas e formas.

2.1 O emocional

Conceito complexo e atrelado ao próprio sentimento do ser, o emocional está próximo da nossa capacidade de sentir internamente de conjecturar esse sentimento em expressões de amor, de dor, de sofrimento, de alegrias e de prazer. Também ligado ao aspecto cultural, o sentir passa sempre pelo aspecto psíquico do ser, tendo, por isso, relação estreita com a cultura do ser humano e seu grupo de contexto.

Modernamente, o emocional está também ligado ao aspecto mais intuitivo do ser, dentro de um contexto mais liberal do pensar, de fluir as ideias. O próprio conceito de emocional transpassa por construções internas do ser humano. Estaria assim em lado oposto ao racional. Por racional entendemos tudo aquilo que contém razão, que passa pelo crivo do pensamento, do discernimento. Assim, fácil seria colocar a emoção dentro de um conjunto de movimentos aleatórios à razão, transpassando por um lado mais animal, mais puro, mais da essência, mais primitivo. Estaria o emocional ligado à sensação do instinto primário com elos no recôncavo do cérebro, quase como instintos animais básicos, tais como fome, sede, raiva e amor. Mas a emoção, como dano moral num todo, tem ligações com a cultura e com a evolução do grupo social onde está inserida a pessoa.

Nesse ponto, o emocional das pessoas, que passa pela cultura, os torna diferentes um dos outros. Cada grupo social possui a sua emoção num inconsciente coletivo. Quanto maior o estudo, a cultura e a elevação ética e social do grupo, mais sofisticada e inacessível se torna a sua emoção.

Da mesma forma, o site *Significados* nos traz uma abordagem sobre emoção:

> Emoção é uma sensação física e emocional que é provocada por algum estímulo, que pode ser um sentimento ou um acontecimento. Vivenciar emoções é muito pessoal, elas podem ser sentidas de formas diferentes por cada pessoa.
> É a emoção que leva uma pessoa a reagir diante de um acontecimento. De acordo com a emoção vivida podem acontecer reações físicas como alteração da respiração, choro, vermelhidão e tremores.
> A etimologia da palavra emoção indica que ela tem origem no latim, na palavra ex movere, que significa "mover para fora" ou "afastar-se". Esse significado demonstra a reação natural às emoções.
> Até hoje não existe uma definição exata do conceito de emoção ou de quantas emoções existem. O que se sabe é que o ser humano é capaz de vivenciar incontáveis emoções, principalmente porque os sentimentos que elas proporcionam em cada pessoa são muito específicos.
> Uma das teses mais conhecidas é do psicólogo Robert Plutchik, que diz que o ser humano tem oito emoções: confiança, alegria, tristeza, medo, raiva, surpresa, aversão e antecipação.[6]

---

[6] "Significado de Emoção. O que é Emoção". Disponível em: www.significados.com.br.

Hoje, com toda a tecnologia fervilhando no mundo, existe uma massificação do sentir, uma renegação do autoconhecimento e uma tendência de mascaramento do chamado "self" ou interior das pessoas.

Com isso, aumentamos significativamente nossas relações, interagimos cada vez mais, mas estamos condenados a um silêncio interior, a um desconhecimento interno, aprendemos a mentir para o exterior e, o pior de tudo, mentimos para nós mesmos.

Com um contexto assim, onde fica o emocional das pessoas? Como identificar uma lesão na parte emocional se temos, inclusive, dificuldades de identificar uma emoção genuína em nós. Cada vez mais a massificação coloca a todos nós dentro do moedor de carnes, forjando na saída a um guisado de cor e gosto padrão. Nessa era de "rebanhação" (no sentido de criação de rebanhos) somos sufocados com perda de nosso interior individual, todos forjamos o mesmo gosto, a mesma dor, o mesmo padrão. A modernidade nos arrasta e padroniza num comportamento de massa. O consumo é conduzido, guiado. Nossos anseios e desejos estão manipulados, modificados na sua essência, acreditamos numa autenticidade refletida de uma realidade espelhática. Nessa condição, como perceber o nosso emocional?

Com essa problemática inserida em cada um de nós, a dificuldade de identificação da emoção (a própria essência do dano moral) segue sufocada e mascarada. Os operadores do direito acabam aleijando a individualidade e, nesse contexto, a tendência à massificação dos significados do dano moral com uma facilidade padrão de estipular o *quantum* indenizatório, com fórmulas e conceitos quase matemáticos, como se fosse possível mensurar uma dor subjetiva e individual. Não se pode sopesar o dano a partir de um cálculo padrão, mesmo as lesões repetidas, como as de consumo, não há como ter uma estipulação padrão, um entendimento coletivo de aplicação automática do dano moral. Justamente porque esse tipo de dano precisa da essência humana e essa essência é mutável, volátil e existente no âmago de cada ser humano.

Portanto, não há uma repetição de danos, cada pessoa tem um sentir, uma dimensão de seu interior e essa dimensão, como já dito, vem também moldada no exterior, no contexto em que a vítima vive, sua cultura, sua capacidade de lidar com a dor, seu amadurecimento, sua capacidade social.

Essa sistemática de fixação do dano moral a um aspecto matemático pode até ajudar aos julgadores, abarrotados de demandas judiciais, mas não está conectada com a essência do dano, com seu cerne, que deve levar sempre a existência do ser humano de forma individualizada.

Essa é a importância do emocional, e na sua diversidade de pessoa para pessoa está a sua fórmula para capturar e mensurar o dano moral.

2.2 O conceito de alma e de dor

2.2.1 A alma

O dano moral tem uma forte ligação com o conceito de alma, no sentido de invisibilidade, de interior e de cunho pessoal e individual.

A palavra alma tem também uma derivação do latim *animu*, que significa "o que anima". Nesse contexto, o ânimo, a força, o interior da pessoa, deriva dessa ideia de alma, numa espécie de motivação do ser.

Mas alma nos transporta também para conceitos de medicina, de religião, de arte e de simbologia. Em todas as definições, temos sempre essa ideia de algo intangível, com o qual precisamos usar a imaginação e a capacidade de abstrair o concreto para termos condições de seu entendimento e abordagem.

Temos dentro dessa abordagem vários conceitos ou teorias sobre a alma, espelhados em diversas manifestações e estudos humanos, como:

Psicanálise:

Teoria desenvolvida por Sigmund Freud, também conhecida como teoria da alma, tenta demonstrar que os processos da mente humana estão praticamente todos em estado de inconsciência, sendo movimentados pelos desejos sexuais.

Trazendo em estudo a ideia do consciente, pré-consciente e inconsciente, sendo colocada pela primeira vez a ideia da existência do plano emocional trabalhando na mente humana, movido por algo mais do que simples matéria corporal. Como nos explica a matéria o que é psicanálise:

> Psicanálise é um ramo clínico teórico que se ocupa em explicar o funcionamento da mente humana, ajudando a tratar distúrbios mentais e neuroses. O objeto de estudo da psicanálise concentra-se na relação entre os desejos inconscientes e os comportamentos e sentimentos vividos pelas pessoas.

A teoria da psicanálise, também conhecida por "teoria da alma", foi criada pelo neurologista austríaco Sigmund Freud (1856 – 1939). De acordo com Freud, grande parte dos processos psíquicos da mente humana estão em estado de inconsciência, sendo estes dominados pelos desejos sexuais.

Todos os desejos, lembranças e instintos reprimidos estariam "armazenados" no inconsciente das pessoas e, através de métodos de associações, o psicanalista – profissional que pratica a psicanálise – conseguiria analisar e encontrar os motivos de determinadas neuroses ou a explicação de certos comportamentos peculiares dos seus pacientes, por exemplo.

Etimologicamente, o termo psicanálise é uma referência ao grego *psyche*, que literalmente significa "respiração" ou "sopro", mas que possui um conceito mais complexo, relacionado com as ideias modernas do que seria o espírito, o ego e a alma das pessoas.[7]

Religião Católica:
Reconhece a existência da alma e do corpo, elencando ainda o espírito. O corpo e a alma estariam unidos, mas relegando esse estado emocional à alma, como um ponto do sentir. Assim nos explica o Padre Paulo Ricardo:

> O Catecismo ensina que o corpo e a alma são uma só *natureza humana*, não são duas naturezas que se unem, mas uma só realidade e, com a ruptura dessa realidade única chamada morte, algo terrível acontece, algo que não estava nos planos de Deus. Mesmo assim o homem é corpo e alma, material e espiritual respectivamente.
>
> [...]
>
> Assim, aqueles que são filhos de Deus batizados – corpo e alma – pelo fato de serem templo de Deus, possuem um "lugar" onde Deus habita. É possível dizer também que o lugar onde Deus habita *enquanto Espírito Santo* é que o se chama de "espírito".
>
> A alma como um todo é responsável por diversas coisas: inteligência, vontade, fantasias, etc., mas nem tudo isso é o lugar onde Deus habita. Este é lugar mais profundo do homem, onde ele é ele mesmo de tal forma que não é mais ele e sim Deus. "Interior intimo meo", como definiu Santo Agostinho.[8]

---

[7] Disponível em: www.significados.com.br/psicanalise/.
[8] RICARDO, Padre Paulo. Qual a diferença entre corpo, alma e espírito? Disponível em: www.padrepauloricardo.org.

Espiritismo:
A ideia de alma no espiritismo é a essência de toda a doutrina, está ligada ao processo da reencarnação e da evolução. Chama-se alma o espírito que está encarnado em um corpo físico. A ligação da alma está com Deus e os bons fluidos celestiais. A alma está na terra encarnada para evoluir, traz todo o seu conhecimento adquirido e escolhe, de acordo com o seu merecimento, a prova que vai enfrentar na terra quando encarnado.

Há nítida concepção de que alma traz toda a essência do intelecto, do imaterial, do sensível, do ser intangível à materialidade da vida.

Essa mesma ideia de alma está presente nas religiões do Candomblé e da Umbanda, como nos ensina o site da Federação de Umbanda e Candomblé do Estado de São Paulo, na matéria "Corpo, alma e espírito":

A alma => O princípio da vida

É preciso saber que o corpo sem a alma é inerte. A alma precisa do corpo para expressar sua vida funcional e racional. A alma é identificada no hebraico do Velho Testamento por nephesh e no grego do Novo Testamento por psiquê. Esses termos indicam a vida física e racional do homem. De modo geral, em relação ao homem, a alma é aquele princípio inteligente que anima o corpo e usa os órgãos e seus sentidos físicos como agentes na exploração das coisas materiais, para expressar-se e comunicar-se com o mundo exterior. Nephesh dá o sentido literal de "respiração da vida.

A alma é considerada a Sede das Emoções, trabalhando no campo da mente humana ao trazer sensações emotivas, prazer, alegria tristeza e etc.

A alma já é inserida em um ser pré-existente (o homem), quando Deus soprou o corpo espiritual, ou espírito, no homem.

Na morte há a separação do corpo e da alma, sendo que o corpo sem alma está morto. A alma que Deus insuflou no homem, portanto, é vital.

Das artes:
A alma teria esse conceito de expressão do interior, um refinamento da forma de ver o mundo, a alma seria os olhos de Deus agindo nos homens, através da pintura, da literatura, do cinema, da dança, do canto, etc. Se manifesta no homem desde a sua criação. Está relacionada com esse inconsciente, com a projeção de nosso interior, dos nossos sonhos, medos, angústias e esperanças. Em dito popular, a "alma do artista", "alma do poeta", com referências à elevação do ser humano.

Não temos ainda um conceito jurídico sobre a alma, mas podemos tentar tomar como um elemento intrínseco do dano moral. Sem um entendimento sobre a profundidade da mente humana, sem o conhecimento da capacidade de aprendizado e transmissão da dor, da alegria e do modo de ser individualmente e depois de forma coletiva, não se pode absorver esse conceito de alma.

Juridicamente, então, alma seria essa consciência interior, esse sentir que permanece dentro das pessoas. Esta ligada também à autoestima, à noção de sofrimento, de prazer, do belo e do grotesco, e de conceitos básicos que compõe o homem. Alma, na questão jurídica, é também todo aquele sentimento intrínseco. No âmago do ser é, portanto, aquilo que não aparece exteriormente.

Na simbologia, a alma está relacionada com a borboleta e representa a palavra "psicologia" contendo a essência desse inseto, mostrando a estreita relação entre a mente do homem e sua natureza espiritual. Não por acaso, a borboleta estaria ligada a essa conclusão de transmutação corpórea de uma condição a outra existência, da lagarta ao inseto capaz de voar.

Nesse aspecto, a alma teria um significado importante para o entendimento desse "psique" humano e, portanto, de uma concepção para abordagem da lesão e do dano nas pessoas.

A alma também nos indica um caminho sensível, delicado, translúcido. Nos passa a sensação de algo transparente. Os conceitos e abordagens sobre alma são sempre assim num enfoque de leveza, de delicado, de essencial. Por essa razão, o dano moral tem essa forte ligação com a alma, com o inconsciente das pessoas. Isso demonstra como é difícil identificar e mensurar o dano a partir dos sinais da lesão na alma do ser humano.

Os operadores do direito devem manter a mente aberta, livre de preconceitos e muito atentos à individualidade da pessoa lesada. Já observamos casos em que uma negativação do nome de um consumidor, por exemplo, feita de forma injusta e ilegal, acaba jogando a pessoa a uma angústia interior sufocante e permanente, principalmente, se essa pessoa for alguém de excessos cuidadosos, zelosa por suas coisas, por sua imagem, preocupada com detalhes e possuidora até certo ponto de uma compulsão pelo certo. Ser negativado nessa condição é um forte estímulo para a angústia e sofrimento interno. As medidas para concessão do dano moral devem respeitar as individualidades de cada um, é importante que o julgador perceba as diferenças de alma antes de aplicar o dano moral.

2.2.2 A dor

A dor será sempre subjetiva. A premissa maior deve ser no sentido: cada qual carrega a sua dor.

Portanto, a dor é a representação máxima da lesão, é o momento da concretude, da materialização. Não se pode vislumbrar a dor, ela corre silenciosa entre os neurônios, eleva a pressão arterial, altera a química do cérebro, trabalha na estima do homem, corrói a alma.

Alguns sinais são indicativos da dor, como os ombros caídos, olhar baixo e apertado, uma visão negativista da vida. Em outros poderá mesmo ser a fuga ou a negação dos fatos. Uma acidez no estômago, uma enxaqueca, uma tontura, uma contração muscular, enfim, o corpo dará a indicação da dor psíquica e seus reflexos.

Isso, entretanto, raras vezes aparece no processo. Razão por que as exigências da materialidade do dano moral beirarem o absurdo. Não se pode materializar o que nasce e subsiste imaterial.

Por outro lado observamos que a dor tem uma relação mais estreita com a possibilidade econômica da pessoa. Não queremos afirmar com isso que uma pessoa rica não tenha ou possa sofrer lesão de dano moral, mas seu mecanismo de defesa, alicerçado em seu capital econômico, projeta uma espécie de retaguarda ou municia essas pessoas com armas de um contra-ataque melhor. Toda vez que houver uma reação à lesão praticada se estará criando uma corrente em sentido contrário à dor, quase uma oxigenação, um reagir saudável, que de alguma forma projeta a mente para um futuro próximo, o da reparação.

Mas nossa preocupação é justamente com quem sofra calado, ou pior, que tome e aceite a dor como algo inerente à vida, a sua condição, e desenvolva assim uma capacidade de suportar frequentes investidas injustas e ilegais, aceitando essa condição passiva. Uma pessoa nessa situação, se muito permanente e repetida, acaba introjetando isso em sua forma de ser. Não demorará e a vítima vai passar a ser o agente do dano a outro, criando um ciclo nada salutar.

Por isso, as condenações por dano moral devem ser significativas, a ponto de inibir quem pratica e, ao mesmo tempo, alimentar na vítima uma saciedade mental, que poderá bloquear ou criar alternativas que visam evitar a repetição daquela experiência dolorosa.

A dor, ao contrário do que se imaginava alguns anos atrás, tem a tendência a fazer o indivíduo repetir a experiência traumática, como ativo ou como passivo.

Essa observação nos demonstra a capacidade inerente ao ser humano de vivenciar o procedimento da dor, de potencializá-la na mente e, pior ainda, de recriar, de forma constante, uma tendência de conduta na intenção de reviver os traumas fixados pela dor. Essa constatação é perigosa, quando imaginamos a potencialidade da multiplicação dos causadores de lesão no dano moral.

O violado, aquela vítima do dano em razão da experiência negativa da dor, tenderá a repetir no futuro, de alguma forma, a sequência dessa dor, recriando o ambiente maléfico. Poderá, assim, figurar tanto no polo passivo da conduta, quanto no ativo, mas em ambos os polos teremos um inconsciente em atividade, gerando uma banalização da dor, com verdadeira estufa de seu fomento.

A condenação em dano moral é importante ferramenta de antídoto a essa corrente. Com esse remédio, se poderá criar tanto no lesante quanto na vítima a possibilidade real de vivenciar uma nova experiência capaz de recriar elos positivos na mente, sendo inibidores e motivadores ao mesmo tempo. Aquele que causa a dor com sua conduta tenderá a repensar sua atitude no futuro, carregando a partir da condenação uma consciência mais produtiva, reconhecendo no outro uma existência mais humana, ainda que sobre a sombra do poder Estatal.

Ao lesado restará um alívio a sua dor, um bálsamo, a incutir na consciência uma sensação de reconhecimento de sua lesão, de legitimação do seu fator humano, aumentando a autoestima através da humanização da dor, reconhecendo a sua existência, aplicando a punição reparatória.

Antoine de Sant Exupéry transcreveu em seu livro *Sentinela* a experiência dos mendigos e suas pústulas. Aqueles que detinham a ferida maior, a maior dor e comiseração eram vistos com destaque e altivez, tomavam um lugar de respeito no grupo, obtendo, assim, um ganho através de donativos e atenções.

> Não foram assim tão poucas as vezes que vi a piedade enganar-se. Nós, que governamos os homens, aprendemos a sondar-lhes os corações, para só a objeto digno de estima dispensarmos a nossa solicitude. Mais não faço do que negar essa piedade às feridas de exibição que comovem o coração das mulheres. Assim como também a nego aos moribundos, e além disso aos mortos. E sei bem por quê.
>
> Houve uma altura da minha mocidade em que senti piedade pelos mendigos e pelas suas úlceras. Até chegava a apalavrar curandeiros e a comprar bálsamos por causa deles. As caravanas traziam-me de uma ilha longínqua unguentos derivados do ouro, que têm a virtude de voltar a

compor a pele sobre a carne. Procedi assim até descobrir que eles tinham como artigo de luxo aquele insuportável fedor. Surpreendi-os a coçar e a regar com bosta aquelas pústulas, como quem estruma uma terra para dela extrair a flor cor de púrpura. Mostravam orgulhosamente uns aos outros a sua podridão e gabavam-se das esmolas recebidas. Aquele que mais ganhara comparava-se a si próprio ao sumo sacerdote que expõe o ídolo mais prendado. Se consentiam em consultar o meu médico, era na esperança de que o cancro deles o surpreendesse pela pestilência e pelas proporções. Chegavam a empregar os cotos para conquistar um lugar no mundo. Daí também o aceitarem os cuidados como uma homenagem e oferecerem os membros a abluções bajuladoras. Mas apenas o mal os deixava, descobriam-se sem importância. Já nada alimentavam que fosse deles próprios, davam-se por inúteis. O único remédio era ressuscitar de novo essa úlcera que vivia à custa deles. E, uma vez envoltos de novo no seu mal, gloriosos e vãos, pegavam na escudela e tornavam a empreender o caminho das caravanas. Voltavam a espoliar os viajantes em nome dos seus sórdidos deuses.[9]

Não podemos alimentar como banal e mesmo merecedora a violação perpetrada ao terceiro, mas, ao contrário, temos de demonstrar uma mudança de visão, aplicando a educação e respeito ao outro, fazendo reconhecer a figura humana em cada um de nós, salientando uma convivência sadia com bons exemplos que merecem incentivo entre o grupo, rejeitando a ideia de alimentação das nossas "pústulas" como troféus e meio de vida, pois isso não é natural e, ao contrário do imaginado, caminha para uma desumanização.

Pois exatamente essa característica do ser humano em potencializar a dor, em vivenciá-la internamente é uma manifestação tipicamente humana, demonstrando a nossa capacidade intelectual e psíquica de criar mundos interiores bastantes complexos, fazendo deles uma realidade subjetiva. Mas, no fundo mesmo, carregamos uma constante necessidade de reconhecimento e atenção dos outros seres humanos. Precisamos do outro para sermos, para existirmos e temos necessidade crucial de atenção e amor.

O psicanalista Erich Fromm em seu livro *A anatomia da destrutividade humana* aborda essa questão da desumanização do outro, numa abstração da condição humana espelhada no semelhante, assim o agressor age contra algo ou alguma coisa, longe da experiência de si mesmo. A agressão, tanto física quanto psíquica, seria possível ao

---

[9] SAINT-EXUPÉRY, Antoine. *Cidadela*. Rio de Janeiro: Nova Fronteira, 1982, p. 07.

criar a imagem do outro como não humano e não raras vezes utilizar sinônimos e símbolos contrários à aproximação de nossa própria imagem e semelhança.

Essa abstração é a mola propulsora a causar a dor no terceiro, afastando a humanidade presente em todos nós.

> Uma outra maneira de fazer do outro uma "não-pessoa" é cortar todos os vínculos afetivos com ele. Isso se dá, como estado de espírito permanente, em certos casos patológicos graves, mas pode ocorrer também em quem não esteja doente. Não faz qualquer diferença o fato de o objeto da agressão ser uma pessoa estranha ou um parente próximo ou um amigo; o que acontece é que o agressor isola emocionalmente a outra pessoa e a "congela". O outro deixa de ser tomado como um ser humano e transforma-se numa "coisa que está ali". Nessas circunstâncias, não se apresentam inibições nem mesmo contra as formas mais intensas de destrutividade. Há adequadas comprovações clínicas para a afirmação de que a agressão destrutiva ocorre, pelo menos em alto grau, em conjunto com a ausência emocional momentânea ou crônica.
>
> Toda vez que um outro ser não é tomado como um ser humano, o ato de destrutividade e crueldade assume uma qualidade diferente. Um exemplo simples, evidenciará esse caso. Se um hindu ou um budista, por exemplo, uma vez que tenham um sentimento genuíno e profundo de empatia pra com todos os seres vivos, vissem uma pessoa da nossa época matar uma mosca sem a menor hesitação, poderiam julgar esse ato como expressão de um considerável insensibilidade e destrutividade; mas estariam errados, ao expressarem tal julgamento. A questão é que, para muitas pessoas, a mosca não é simplesmente tomada como um ser que sente e, por isso, é tratada como se trata qualquer "coisa" que perturba; não é que tais pessoas sejam especialmente cruéis, conquanto seja restrita sua experiência de "seres vivos".

Restam assim lacunas num sentimento carencial de atenção que impulsiona e alavanca a força para causar a dor e a lesão no outro.

A legitimação da dor no outro é papel fundamental para restabelecer os elos humanos rompidos, é uma das únicas formas capazes de devolver a sensação de humanidade eventualmente perdida nas relações humanas violadas e violadoras.

Nesse contexto, a dor é fator muito importante para a moldagem do dano moral e a restauração das feridas, demonstrando às partes uma outra forma de relação, obtendo a atenção e carinho, almejados por todos, através de outros caminhos, de outros elos.

2.3 As sequelas da alma e da dor na vivência de um processo judicial

A própria tendência processual na utilização abstrata de nomes, como autor, requerente, vítima, réu e outros são demonstrações da abstração da realidade, tornando o processo em si uma ferramenta fictícia que constrói o passado para ser lido no presente e projetar efeitos no futuro. É, portanto, uma via transversa da própria concepção do tempo.

Essa caracterização pode parecer utópica, mas demonstra como o meio jurídico é repleto de significados extirpadores da essência humana. Contraditório, diríamos, com certeza. São mesmo contrários à própria essência e significado de justiça.

A história da humanidade está repleta dessa chamada evolução do direito, mas sempre carrega esse elo de desumanização inclusive como uma possibilidade de atingir seus fins propostos. Algumas culturas ainda carregam o uso de perucas, das togas, dos mantos da tonalidade escura, da sobriedade, do sério na inexpressão do humano, visando criar alguma coisa distante do elo humanitário da condição de iguais.

Ao requerer a condenação, ao defender o requerido, ao acusar o réu e ao sentenciar o outro, manifestamos nossa própria expressão a expurgar de nós mesmos a semelhança ao igual, ao mesmo patamar. A abstração do direito é a forma encontrada para reivindicar e aplicar a justiça numa desinfectação da miserável e bela condição humana. Os operadores do direito se revestem numa condição superior à vítima e ao lesante, numa condição abstrata de pertencer a outro mundo, distante daquela realidade vivenciada pelas partes.

Os procedimentos processuais, os seus ritos, ritmos, acessos e negativas, são exteriorizações dessa abstração da vida e com isso se cria com facilidade uma plastificação da dor, numa abordagem cada vez mais simplista e massificada que nos afasta sobremaneira da nossa real condição humana.

Hoje, com o abarrotamento dos Cartórios Judiciais, com um Judiciário cada vez mais estufado de causas, há sistemática tendência no caminho da desumanização. Não raras vezes, pude observar, inclusive, a agressividade dos operadores do direito, como advogados, serventuários, terceirizados ou não, secretários, assessores, juízes e promotores, que acabam criando uma atmosfera favorável à perpetuação da injustiça e a regar com água filtrada a capacidade de negar o reconhecimento da igualdade entre os homens. Isso gera essa forma facilitadora de desumanização, criando justamente nas partes já fragilizadas que buscam a ajuda um mal perpetuado ainda maior.

O próprio sistema cria nichos diferenciados, grupos de seres humanos investidos de papéis outros longe da condição humana. Nesse contexto, é fácil negar a existência da dor e a consumação do dano moral, pois justamente a sua essência é a questão humana, e essa apresenta crescente ausência no processo com o seu teatro e drama próprios.

Como conceder o reconhecimento de uma indenização oriunda de uma lesão que causa dor e sofrimento se os polos aplicadores do direito estão despidos de sua condição humana?

Não será crível reconhecer humanidade no outro, na parte, se o próprio sistema materializado via processo é uma expressão contínua do passado, com forte abstração do humano.

A observância de princípios basilares do direito na orientação do processo e da justiça são conquistas sedimentadas na evolução humana, como o devido processo legal e o contraditório ou ampla defesa. Mas na caracterização e reconhecimento do dano moral, passa essa capacidade de identificar, reconhecer e mensurar a dor alheia. Isso só é possível mediante o reconhecimento do humano no outro. Algumas exigências materiais do direito, oriundos desse excesso de abstração da vida na judicialização, criam obstáculos nada salutares para o reconhecimento da dor e da alma.

Temos observado a exigência de alguns doutrinadores na materialidade da dor, algo ao nosso entender de dificílima possibilidade, posto sua própria essência imaterial. Como se pode verificar por algumas decisões do Superior Tribunal de Justiça:

> PROCESSUAL CIVIL E CIVIL. RECURSO ESPECIAL. AÇÃO DECLARATÓRIA CUMULADA COM REPARAÇÃO DE DANOS MATERIAIS E COMPENSAÇÃO DE DANOS MORAIS. ATRASO NA ENTREGA DE IMÓVEL. MERO INADIMPLEMENTO CONTRATUAL.
>
> DANO MORAL AFASTADO. MULTA CONTRATUAL. INVERSÃO. POSSIBILIDADE.
>
> 1. Ação ajuizada em 14.02.2012. Recurso especial concluso ao gabinete em 25.08.2016. Julgamento: CPC/73.
>
> 2. O propósito do recurso especial é: a) determinar se o atraso das recorridas na entrega de unidade imobiliária, objeto de contrato de compra e venda firmado entre as partes, gera danos morais aos recorrentes; e b) definir se é possível a inversão da multa moratória em favor

dos recorrentes, na hipótese de inadimplemento contratual por parte das recorridas.

3. Muito embora o entendimento de que o simples descumprimento contratual não provoca danos morais indenizáveis, tem-se que, na hipótese de atraso na entrega de unidade imobiliária, o STJ tem entendido que as circunstâncias do caso concreto podem configurar lesão extrapatrimonial.

4. Na hipótese dos autos, contudo, em razão de não ter sido invocado nenhum fato extraordinário que tenha ofendido o âmago da personalidade dos recorrentes, não há que se falar em abalo moral indenizável.

5. É possível a inversão da cláusula penal moratória em favor do consumidor, na hipótese de inadimplemento do promitente vendedor, consubstanciado na ausência de entrega do imóvel. Precedentes.

6. Recurso especial parcialmente conhecido e, nessa parte, parcialmente provido.

(REsp nº 1611276/SP, Rel. Ministra NANCY ANDRIGHI, TERCEIRA TURMA, julgado em 25.04.2017, *DJe* 02.05.2017)

ADMINISTRATIVO E PROCESSUAL CIVIL. AGRAVO INTERNO NO RECURSO ESPECIAL. RESPONSABILIDADE CIVIL DO ESTADO. DANOS MORAIS. AGRESSÕES FÍSICAS E VERBAIS, DESFERIDAS POR PROFESSORA DA REDE PÚBLICA DE ENSINO, EM FACE DE ALUNO. ALEGADA OFENSA AO ART. 535 DO CPC/73.

INEXISTÊNCIA. ACÓRDÃO RECORRIDO QUE, À LUZ DAS PROVAS DOS AUTOS, CONCLUIU PELA NÃO CONFIGURAÇÃO DO DANO MORAL, EM DESFAVOR DA MÃE E DA AVÓ DO ALUNO. REVISÃO. SÚMULA 7/STJ. PRETENDIDA MAJORAÇÃO DO QUANTUM INDENIZATÓRIO, FIXADO EM FAVOR DO MENOR. SÚMULA 7/STJ. HONORÁRIOS ADVOCATÍCIOS FIXADOS EM DESFAVOR DA FAZENDA PÚBLICA, COM BASE NO §4º DO ART. 20 DO CPC/73. PRECEDENTES DO STJ. AGRAVO INTERNO IMPROVIDO.

I. Agravo interno aviado contra decisão publicada em 30.11.2016, que, por sua vez, julgara recurso interposto contra decisum publicado na vigência do CPC/2015.

II. Na origem, trata-se de ação proposta em face do Município de Uberaba/MG, objetivando a sua condenação ao pagamento de indenização por danos morais, decorrente de agressões físicas e verbais, desferidas por professora da rede pública de ensino, em face de seu aluno, menor impúbere.

III. Não há falar, na hipótese, em violação ao art. 535 do CPC/73, porquanto a prestação jurisdicional foi dada na medida da pretensão deduzida, de vez que os votos condutores do acórdão recorrido e do acórdão proferido em sede de Embargos de Declaração apreciaram fundamentadamente, de modo coerente e completo, as questões necessárias à solução da controvérsia, dando-lhes, contudo, solução jurídica diversa da pretendida.

IV. O Tribunal de origem, à luz das provas dos autos, concluiu pela não configuração da indenização por dano moral, em favor da mãe e da avó do aluno, e reduziu o valor da indenização por danos morais, fixada em favor do menor, de R$ 15.000,00 (quinze mil reais) para R$ 5.000,00 (cinco mil reais). Segundo consta do acórdão, "o valor arbitrado na sentença para o primeiro autor, R$15.000,00, se mostra excessivo e deve ser reduzido, porque, a conduta, embora lamentável e reprovável, não acarretou conseqüências gravosas em relação à integridade física daquele. A repreensão física, que é reprovável, inadmissível e gera dano moral, consistiu num empurrão no queixo, ou seja, não se trata de uma agressão que tenha causado lesão no corpo da criança, o que justificaria a fixação da indenização em montante mais elevado. Ademais, no meu entender, o abalo psíquico e o constrangimento sofrido pelo primeiro autor perante os demais alunos não têm extensão suficiente para justificar a fixação do valor da indenização no montante de R$ 15.000,00".

V. Considerando a fundamentação do acórdão objeto do Recurso Especial, os argumentos utilizados pelos recorrentes, no sentido da configuração do dano moral, em favor da mãe e da avó do aluno, somente poderiam ter sua procedência verificada mediante o necessário reexame de matéria fática, não cabendo a essa Corte, a fim de alcançar conclusão diversa, reavaliar o conjunto probatório dos autos, em conformidade com a Súmula 7/STJ.

VI. No que tange ao quantum indenizatório, "a jurisprudência do Superior Tribunal de Justiça é no sentido de que a revisão dos valores fixados a título de danos morais somente é possível quando exorbitante ou insignificante, em flagrante violação aos princípios da razoabilidade e da proporcionalidade, o que não é o caso dos autos. A verificação da razoabilidade do quantum indenizatório esbarra no óbice da Súmula 7/STJ" (STJ, AgInt no AREsp 927.090/SC, Rel. Ministro HERMAN BENJAMIN, SEGUNDA TURMA, *DJe* de 08.11.2016). No caso, o valor de R$ 5.000,00 (cinco mil reais) não se mostra irrisório, diante das peculiaridades da causa, expostas no acórdão recorrido. Conclusão em contrário encontra óbice na Súmula 7/STJ.

VII. Segundo a jurisprudência dessa Corte, "vencida a Fazenda Pública, a fixação dos honorários advocatícios não está adstrita aos limites percentuais de 10% e 20%, podendo ser adotado como base de cálculo o valor dado à causa ou à condenação, nos termos do art. 20, §4º, do CPC, ou mesmo um valor fixo, segundo o critério de equidade" (STJ, REsp 1.587.959/PE, Rel. Ministro HERMAN BENJAMIN, SEGUNDA TURMA, *DJe* de 02.02.2017).

VIII. Agravo interno improvido.

(AgInt no REsp nº 1637065/MG, Rel. Ministra ASSUSETE MAGALHÃES, SEGUNDA TURMA, julgado em 27.04.2017, *DJe* 04.05.2017)

Algumas decisões no mesmo contexto tem exigido uma demonstração da existência do dano, como se fosse possível demonstrar materialmente aquilo que nasce invisível. Como demonstram alguns julgados do Tribunal de Justiça do Estado do Rio Grande do Sul:

Ementa: APELAÇÃO CÍVEL. DIREITO PRIVADO NÃO ESPECIFICADO. AÇÃO DE REPETIÇÃO DE INDÉBITO C/C INDENIZAÇÃO POR DANOS MORAIS E PERDAS E DANOS REPETIÇÃO DE INDÉBITO. SIMPLES. A repetição do indébito é devida na forma simples sem ser preciso comprovar erro, enquanto a repetição em dobro requisita prova de má-fé. Precedentes do e. STJ. Ausente prova da má-fé impõe-se condenação na forma simples. – Circunstância dos autos em que ausente prova de cobrança indevida, não há o que repetir. DANO MORAL. FALHA NA PRESTAÇÃO DOS SERVIÇOS. AUSÊNCIA DE DANO INDENIZÁVEL. O reconhecimento à compensação por dano moral exige a prova de ato ilícito, a demonstração do nexo causal e o dano indenizável que se caracteriza por gravame ao direito personalíssimo, situação vexatória ou abalo psíquico duradouro que não se justifica diante de meros transtornos ou dissabores na relação social, civil ou comercial. A falha na prestação do serviço de telefonia por si só não é suficiente à caracterização de dano moral indenizável. RECURSO DESPROVIDO. (Apelação Cível Nº 70073391153, Décima Oitava Câmara Cível, Tribunal de Justiça do RS, Relator: João Moreno Pomar, Julgado em 25.05.2017)

Ementa: APELAÇÃO CÍVEL. SEGUROS. AÇÃO DE NULIDADE DE CLÁUSULA CONTRATUAL CUMULADA COM INDENIZAÇÃO POR DANO MORAL. CONTRATO DE PLANO DE SAÚDE. EXAME DE RESSONÂNCIA MAGNÉTICA. CONTRATO ADAPTADO À LEI Nº 9.656/98 E PROCEDIMENTO REALIZADO ANTES DO AJUIZAMENTO DA AÇÃO. FALTA DE INTERESSE DE AGIR CARACTERIZADO. DANO MORAL NÃO CONFIGURADO. Trata-se de recurso de apelação interposto contra sentença prolatada em ação de anulação de cláusula contratual cumulada com pedido de indenização por dano moral decorrente de negativa de cobertura de plano de saúde.

Consoante a exordial, a parte autora, que mantém contrato de plano de saúde com a demandada e que foi diagnosticado com moléstia em seu membro inferior esquerdo, teve negada cobertura para o exame de ressonância magnética. A negativa teve como fundamento a exclusão de cobertura contratual. AGRAVO RETIDO – A prova oral mostra-se prescindível para o julgamento da controvérsia, uma vez que a prova documental coligida ao feito é suficiente ao deslinde da discussão travada entre as partes. Ademais, a parte autora afirmou na exordial que o dano moral dispensava provas materiais para sua configuração. FALTA DE INTERESSE DE AGIR – Embora seja possível a revisão de cláusula contratual de contrato extinto, quando do ajuizamento da ação, não possuía o autor mais interesse nos pedidos de nulidade da cláusula contratual e de condenação da parte ré a dar cobertura ao exame de ressonância magnética, pois a situação já havia sido resolvida na esfera administrativa. DANO MORAL – Os fatos vertidos à lide correspondem a efetivo descumprimento contratual que não gera o dever de indenizar, salvo quando os efeitos do inadimplemento, por sua gravidade, exorbitarem o mero aborrecimento diário, atingindo a dignidade do contratante, situação inocorrente no caso em exame. RECURSOS DESPROVIDOS. (Apelação Cível Nº 70069611275, Sexta Câmara Cível, Tribunal de Justiça do RS, Relator: Sylvio José Costa da Silva Tavares, Julgado em 25.05.2017)

Ementa: APELAÇÃO CÍVEL. RESPONSABILIDADE CIVIL. AÇÃO DE COBRANÇA C/C INDENIZAÇÃO POR DANOS MORAIS. DEMORA NO PAGAMENTO. DANO MORAL. INOCORRÊNCIA. No caso dos autos, não houve recusa no pagamento do seguro, mas atraso, o que não ofende aos direitos de personalidade. Trata-se, na verdade, de aborrecimento cotidiano, pois a parte autora, embora tenha suportado dissabores em razão da demora no pagamento, não demonstrou indícios de que a sua vida tenha sofrido grandes alterações ou que a sua moral tenha sido afetada. Ainda que a demandante tenha alegado na exordial que pelo atraso no adimplemento da indenização tenha passado por necessidades financeiras, não há prova que comprove tais alegais. Na oportunidade, ela referiu acerca da necessidade de receber o dinheiro para se submeter a tratamento dentário, assim como proceder a reforma de sua casa, mas as mesmas foram realizadas antes mesmo do recebimento do seguro. Assim, não há dano moral indenizável. A situação retratada não se enquadra, pois, no chamado dano moral *in re ipsa*, sendo indevida qualquer indenização a título de danos morais. NEGARAM PROVIMENTO AO APELO. UNÂNIME. (Apelação Cível Nº 70069630150, Sexta Câmara Cível, Tribunal de Justiça do RS, Relator: Rinez da Trindade, Julgado em 25.05.2017)

Ementa: APELAÇÕES CÍVEIS. SERVIDOR PÚBLICO. MUNICÍPIO DE ESTRELA. SINDICÂNCIA. NULIDADE DO PROCEDIMENTO. DANO MORAL. AUSÊNCIA DE PROVAS. – Sindicância que se revestiu de caráter punitivo sem observar as garantias do contraditório e da ampla defesa. Nulidade do procedimento e da penalidade de suspensão aplicada. – Dano moral não comprovado. Necessidade de prova cabal que demonstre o prejuízo anormal a que foi submetido o demandante para fins de configuração do dever de indenizar. NEGARAM PROVIMENTO ÀS APELAÇÕES. (Apelação Cível Nº 70072488471, Terceira Câmara Cível, Tribunal de Justiça do RS, Relator: Matilde Chabar Maia, Julgado em 25.05.2017)

Ementa: APELAÇÕES CÍVEIS. CONTRATOS DE CARTÃO DE CRÉDITO. AÇÃO DECLARATÓRIA DE INEXISTÊNCIA DE DÉBITO CUMULADA COM INDENIZAÇÃO POR DANOS MORAIS E REPETIÇÃO DO INDÉBITO. INEXISTÊNCIA DE DÉBITO. Não logrou o réu afastar as alegações apontadas pela demandante de que os débitos lançados não haviam sido realizados pela titular do cartão, assim como não produziu provas capazes de afastar a tese de que decorreu de fraude, ônus que lhe competia, a teor do art. 333, inciso II, do CPC/1973. Inexistência do débito declarada. REPETIÇÃO DO INDÉBITO. Em respeito ao princípio que veda o enriquecimento sem causa, cabe a repetição do indébito, de forma simples, diante da ausência de prova da má-fé da parte ré. COBRANÇA INDEVIDA. AUSÊNCIA DE COMPROVAÇÃO DA OCORRÊNCIA DO DANO MORAL. No caso em tela, o dano moral não é presumido e, assim, dependia de prova que não foi produzida pelo apelante. A cobrança indevida, por si só, não gera dano moral *in re ipsa*, sendo imperioso a sua comprovação. APELAÇÃO CÍVEL DA PARTE RÉ PARCIALMENTE PROVIDA. APELO DA PARTE AUTORA DESPROVIDO. (Apelação Cível Nº 70073707176, Vigésima Quarta Câmara Cível, Tribunal de Justiça do RS, Relator: Altair de Lemos Junior, Julgado em 31.05.2017)

Ousaríamos discordar desse posicionamento, afirmando que talvez a dificuldade em conceder o dano moral, reside nessa falha da capacidade do reconhecimento da humanidade do outro, espelhados através da alma e da dor. Nós, operadores do direito, não somos preparados para reconhecer o humano, somos efetivamente treinados para uma concepção abstrata da vida, como se recortássemos uma janela no horizonte para visualizar um fragmento da paisagem.

Lastimável reconhecer que o meio processual é uma ferramenta nada favorável ao reconhecimento do dano moral e nesse contexto a identificação, mensuração e aplicação do direito ao dano moral, segue de forma violenta em desvantagem.

Com toda essa carga, acontece em grande maioria dos casos o efeito inverso da busca na judicialização de demandas por dano moral, ou seja, um verdadeiro agravamento da situação. Ao invés da cura e bálsamo, a sublimação da dor e injustiça, gerando uma perpetuação da mentalidade lesante no núcleo do grupo social. A orbe jurídica corrobora com a alienação e silêncio da dor alheia.

Como nos ilustra o poema de Charles Bukowski:

A dor é uma coisa estranha.
Um gato que mata um pássaro,
um acidente de automóvel,
um incêndio...

A dor chega,
BANG,
e eis que ela te atinge.

É real.

E aos olhos de qualquer pessoa pareces um estúpido.
Como se te tornasses, de repente, num idiota.

E não há cura para isso,
a menos que encontres alguém
que compreenda realmente o que sentes
e te saiba ajudar...

Entretanto, há vida no deserto e no sol escaldante do escasseamento humano de um processo judicial. Muito lentamente, doutrina e jurisprudência vão dando coro ao isolado dano moral, vão devolvendo o sentimento de justiça e se apercebendo que a alma e dor são conceitos bastante complexos para serem absorvidos na simplicidade de ideias e formas pré-moldadas, devolvendo a condição humana a um patamar de respeito a sua dignidade.

A instrumentalização do processo na concepção do dano moral deve ser sempre a mais completa possível, deve trazer dados aparentemente sem necessidade, deve constar ou mesmo deve ser buscados pelo julgador. Dados como a profissão da pessoa, antecedentes, histórico familiar, local de moradia, imagens, como fotos suas, da família, histórico de consumo, enfim, detalhes que possam trazer aos autos do processo dados significantes da singularidade da pessoa, de sua personalidade. O depoimento pessoal poderá ter peso importante. São ferramentas que o julgador e os advogados têm nas mãos para instruir de forma positiva com os indícios claros da existência do dano, mas não só pra isso, como também para a fixação do *quantum* indenizatório, uma vez que a singularidade de cada ser humano caracteriza e molda o dano a ser indenizado.[10]

Assim, a fixação padrão de tipos de dano e seu valor específico por casos não nos parece o melhor caminho. Pode aliviar o volume de processos a serem julgados, fazendo uma quase produção a granel, mas ficará longe da real aplicação do dano moral e seu mais importante significado, a possibilidade de mudança na mentalidade social.

A mensuração do tipo de dano para avaliar a concessão da existência e do quanto a indenizar no dano moral é premissa enganosa que mascara e fere a real e correta avaliação da dor, visto que extremamente subjetiva.

Nesse caminho limitado na concepção do processo, toda a prova a ser produzida não deve se fixar tão somente a indicar a lesão, mas deve tentar demonstrar a singularidade do lesado, o tamanho de sua dor e os reflexos em sua vida a partir do ato danoso. A perícia psiquiátrica pode indicar indícios relevantes da lesão, mas é ainda extremamente rara a sua realização para auferir o tamanho da dor sentida na alma da vítima. Ainda paira na jurisprudência enorme preconceito sobre o dano moral e ainda resta o entendimento que esse tipo de dano é mais uma complementação dos demais.

---

[10] Atualmente a nova sistemática do Código de Processo Civil, determina a fixação do valor da causa, exigindo que a parte já elenque o valor estipulado ao dano moral, determinado no seu art. 292, V, NCPC:
"Art. 292. O valor da causa constará da petição inicial ou da reconvenção e será:
V – na ação indenizatória, inclusive a fundada em dano moral, o valor pretendido;"
Se deixa a parte o dever de fixar o valor do *quantum* indenizatório em dano moral, mas o julgamento final e a estipulação do valor continuam sendo um critério estabelecido ao julgador. Há interpretações de doutrinadores quanto à impossibilidade de fixação desse valor na inicial, estabelecido na aplicação do art. 324, §1º, II do NCPC:
"Art. 324. O pedido deve ser determinado.
§1º É lícito, porém, formular pedido genérico:
II – quando não for possível determinar, desde logo, as consequências do ato ou do fato;"
A questão ainda pende de maior solidez junto aos julgadores e aos Tribunais, mas sempre é um caminho a ensejar uma melhor interpretação quanto à fixação do *quantum* indenizatório em dano moral, que efetivamente é sempre mais complicado, se não impossível a sua fixação de início no processo.

Por isso, temos apontado que o melhor caminho na instrução do processo com presença do dano moral seja na abertura da obtenção de provas, canalizando naquelas focadas na singularidade da vítima, em seu perfil, dando ao julgador a possibilidade de sopesar, com elementos mais ricos e definidores, da existência do dano e sua mensuração.

Algumas decisões que acenam para concessão do dano moral normalmente vêm embasadas no dano *in re ipsa*, como se observa do posicionamento favorável ao dano mais simples e puro, de uma forma mais fácil de apreensão e identificação. Assim, temos alguns julgamentos pelo Tribunal de Justiça do RS:

> Ementa: APELAÇÃO CÍVEL. RESPONSABILIDADE CIVIL. AÇÃO DE INDENIZAÇÃO POR DANO MORAL. ABORDAGEM EM FARMÁCIA. SUSPEITA DE FURTO. DEVER DE INDENIZAR CONFIGURADO. DANO MORAL *IN RE IPSA*. Trata-se de recurso de apelação interposto contra sentença de improcedência de ação de indenização por dano moral decorrente de abordagem indevida de segurança em farmácia. Consoante a exordial, as autoras foram abordadas pelo namorado de umas das funcionárias da farmácia demandada quando estavam na fila do caixa do estabelecimento, por suspeita de furto. Relatam que tal pessoa requisitou-lhes que expusessem o conteúdo de suas bolsas na frente de diversos clientes da loja, provocando extremo constrangimento. DEVER DE INDENIZAR – Em se tratando de abordagem por segurança em estabelecimento comercial, a jurisprudência desta Corte é uníssona no sentido de que o excesso que expõe o consumidor a situação vexatória configura abuso de direito e enseja o dever de indenizar. In casu, era dever da parte ré procurar fazer prova de que fato não ocorreu ou de que não foi praticado por funcionário da empresa, como alegado em contestação. Entretanto, a apelada não demonstrou interesse na produção de qualquer prova. Dever de indenizar configurado. DANO MORAL – O dano moral é inconteste e prescinde de maiores explanações, tampouco da prova de sua ocorrência, por se tratar de dano *in re ipsa*. Precedentes desta Corte. QUANTUM INDENIZATÓRIO – A quantificação da indenização deve passar pela análise da gravidade do fato e suas consequências para o ofendido, do grau de reprovabilidade da conduta ilícita e das condições econômicas. O arbitramento da indenização deve guardar relação com os valores comumentemente fixados por esta Corte em situações análogas, pelo que merece fixação em R$ 20.000,00 (vinte mil reais). TERMO INICIAL DOS JUROS DE MORA – Considerando que o valor arbitrado reflete definição atualizada do quantum aplicável à espécie jurídica nesta data, o valor deve ser corrigido pelo IGP-M e acrescido de juros de mora, ambos desde

a data de seu arbitramento. APELO PROVIDO. (Apelação Cível nº 70068992189, Sexta Câmara Cível, Tribunal de Justiça do RS, Relator: Sylvio José Costa da Silva Tavares, Julgado em 25.05.2017)

Ementa: APELAÇÃO CÍVEL. DIREITO PRIVADO NÃO ESPECIFICADO. INSCRIÇÃO INDEVIDA EM CADASTRO DE INADIMPLENTES. DANO *IN RE IPSA*. DESNECESSIDADE DE PROVA. QUANTUM INDENIZATÓRIO MAJORADO. No caso concreto, a inscrição sem causa da parte autora em cadastro de inadimplente assegura-lhe o direito à indenização pelo dano extrapatrimonial sofrido. O dano moral decorre do próprio fato ilícito da inscrição indevida em rol de inadimplentes. A prova do dano, nesse caso, é prescindível, pois o prejuízo extrapatrimonial decorre dos efeitos do ato de inscrição indevida. É o chamado dano moral *in re ipsa*. Precedentes deste E. Tribunal. Quantum a título de danos morais majorado. Juros de mora. Aplicável o termo inicial de incidência dos juros moratórios previsto na Súmula nº 54 do STJ, qual seja a data do evento danoso (inscrição indevida). APELO PROVIDO. (Apelação Cível nº 70073623274, Vigésima Câmara Cível, Tribunal de Justiça do RS, Relator: Glênio José Wasserstein Hekman, Julgado em 31.05.2017)

Ementa: APELAÇÃO CÍVEL. DIREITO PÚBLICO NÃO ESPECIFICADO. ENERGIA ELÉTRICA. RECUPERAÇÃO DE CONSUMO. FRAUDE NO MEDIDOR. OSCILAÇÃO NA MÉDIA DE CONSUMO NÃO COMPROVADA. INSCRIÇÃO INDEVIDA DO NOME DA PARTE AUTORA NOS CADASTROS DE RESTRIÇÃO AO CRÉDITO. DANO MORAL. OCORRÊNCIA. Irregularidade no medidor de energia elétrica. Fraude não comprovada. Desconstituição do débito. A constatação de irregularidade no equipamento medidor, desacompanhada da prova da efetiva oscilação na média de consumo, é insuficiente, por si só, a amparar a recuperação do faturamento. Hipótese em que a concessionária de energia elétrica não se desincumbiu do ônus de comprovar que, após a troca do aparelho medidor, a energia registrada aumentou significativamente, razão pela qual imperiosa a reforma da sentença para desconstituir o débito imputado à parte autora a título de recuperação de consumo. Dano moral. Caracteriza dano moral indenizável a inscrição indevida em sistema de proteção ao crédito, relativamente a débito inexistente. Os danos morais são *in re ipsa*, prescindindo de prova objetiva acerca de sua ocorrência. Presumem-se diante da situação analisada. Assim, o valor da indenização deve observar princípios da proporcionalidade e da razoabilidade, vedando o enriquecimento sem causa ou vantagem exagerada ao lesado, tampouco ser ínfimo a ponto de perder o aspecto expiatório frente ao réu, razão pela qual considerando as condições financeiras da parte lesada, a capacidade econômica da empresa ré e inscrição indevida nos cadastro de restrição ao crédito, tenho por condenar a parte ré a título de danos morais. APELO PROVIDO. (Apelação Cível nº 70073121279, Segunda Câmara Cível, Tribunal de Justiça do RS, Relator: Lúcia de Fátima Cerveira, Julgado em 31.05.2017)

Ementa: APELAÇÃO CÍVEL. RESPONSABILIDADE CIVIL. DANOS MATERIAIS E MORAIS. SAQUE EM AGÊNCIA BANCÁRIA. "SEQUESTRO RELÂMPAGO". PRESENÇA DO DEVER DE INDENIZAR. QUANTUM INDENIZATÓRIO. 1. A responsabilidade civil do demandado é objetiva, nos termos do art. 14 do CDC, somente isentando-se da responsabilidade quando comprovada qualquer das excludentes constantes do §3º do artigo supracitado, ou seja, a existência de culpa exclusiva da vítima ou inexistência de defeito sobre o serviço prestado. 2. Hipótese em que o saque realizado na agência bancária mediante coação de meliantes demonstra a ofensa ao dever de segurança e remete ao dever de indenizar, descabendo a alegação de ausência de nexo ou culpa de terceiro. 3. Dano material comprovado e atinente ao valor do saque realizado. 4. Dano moral *in re ipsa*. Situação vivenciada que extrapola o mero dissabor. Quantum indenizatório mantido em R$8.800,00, em observância às peculiaridades do caso e com o fim de assegurar o caráter repressivo e pedagógico da indenização, sem constituir-se elevado bastante para o enriquecimento indevido da parte autora. 5. Prequestionamento da legislação invocada conforme estabelecido pelas razões de decidir, seguindo compreensão do disposto no art. 1.025 do CPC. RECURSO DESPROVIDO. (Apelação Cível nº 70072635535, Quinta Câmara Cível, Tribunal de Justiça do RS, Relator: Isabel Dias Almeida, Julgado em 31.05.2017)

Em recente decisão do Superior Tribunal de Justiça, em voto do Eminente Ministro Paulo de Tarso Sanseverino (Magistrado oriundo do Tribunal de Justiça do Estado do Rio Grande do Sul), no Recurso Especial nº 1152541/RS, aplicou um critério de fixação do dano moral que se aproxima com o que estamos afirmando, em que se busca uma identificação e singularização maior da vítima e das partes:

RECURSO ESPECIAL. RESPONSABILIDADE CIVIL. DANO MORAL. INSCRIÇÃO INDEVIDA EM CADASTRO RESTRITIVO DE CRÉDITO. QUANTUM INDENIZATÓRIO. DIVERGÊNCIA JURISPRUDENCIAL. CRITÉRIOS DE ARBITRAMENTO EQUITATIVO PELO JUIZ. MÉTODO BIFÁSICO. VALORIZAÇÃO DO INTERESSE JURÍDICO LESADO E DAS CIRCUNSTÂNCIAS DO CASO. 1. Discussão restrita à quantificação da indenização por dano moral sofrido pelo devedor por ausência de notificação prévia antes de sua inclusão em cadastro restritivo de crédito (SPC). 2. Indenização arbitrada pelo tribunal de origem em R$ 300,00 (trezentos reais). 3. Dissídio jurisprudencial caracterizado com os precedentes das duas turmas integrantes da Segunda Secção do STJ. 4. Elevação do valor da indenização por dano moral na linha dos precedentes dessa Corte, considerando as duas etapas que devem ser percorridas para esse arbitramento. 5. Na primeira etapa, deve-se estabelecer um valor básico para a indenização, considerando o interesse jurídico lesado, com base em grupo de precedentes jurisprudenciais que apreciaram casos semelhantes. 6. Na segunda etapa, devem ser consideradas as circunstâncias do caso, para fixação definitiva do valor da indenização, atendendo a determinação legal de arbitramento equitativo pelo juiz. 7. Aplicação analógica do enunciado normativo do parágrafo único do art. 953 do CC/2002. 8. Arbitramento do valor definitivo da indenização, no caso concreto, no montante aproximado de vinte salários mínimos no dia da sessão de julgamento, com atualização monetária a partir dessa data (Súmula 362/STJ). 9. Doutrina e jurisprudência acerca do tema. 10. RECURSO ESPECIAL PROVIDO.

Cujo teor do voto pontua algumas preciosidades, como uma forma de se esquematizar o arbitramento do dano e o reconhecer das características singulares das partes na aplicação desse tipo de dano:

No arbitramento da indenização por danos extrapatrimoniais, as principais circunstâncias valoradas pelas decisões judiciais, nessa operação de concreção individualizadora, têm sido a gravidade do fato em si, a intensidade do sofrimento da vítima, a culpabilidade do agente responsável, a eventual culpa concorrente da vítima, a condição econômica, social e política das partes envolvidas.

[...]

Assim, as principais circunstâncias a serem consideradas como elementos objetivos e subjetivos de concreção são: a) a gravidade do fato em si e suas conseqüências para a vítima (dimensão do dano); b) a intensidade do dolo ou o grau de culpa do agente (culpabilidade do agente); c) a eventual participação culposa do ofendido (culpa concorrente da vítima); d) a condição econômica do ofensor; e) as condições pessoais da vítima (posição política, social e econômica).

No exame da gravidade do fato em si (dimensão do dano) e de suas conseqüências para o ofendido (intensidade do sofrimento). O juiz deve avaliar a maior ou menor gravidade do fato em si e a intensidade do sofrimento padecido pela vítima em decorrência do evento danoso.

[...]

As condições pessoais da vítima constituem também circunstâncias relevantes, podendo o juiz valorar a sua posição social, política e econômica. A valoração da situação econômica do ofendido constitui matéria controvertida, pois parte da doutrina e da jurisprudência entende que se deve evitar que uma indenização elevada conduza a um enriquecimento injustificado, aparecendo como um prêmio ao ofendido. O juiz, ao valorar a posição social e política do ofendido, deve ter a mesma cautela para que não ocorra também uma discriminação, em função das condições pessoais da vítima, ensejando que pessoas atingidas pelo mesmo evento danoso recebam indenizações díspares por esse fundamento.

[...]

VI – Método bifásico para o arbitramento equitativo da indenização
O método mais adequado para um arbitramento razoável da indenização por dano extrapatrimonial resulta da reunião dos dois últimos critérios analisados (valorização sucessiva tanto das circunstâncias como do interesse jurídico lesado). Na primeira fase, arbitra-se o valor básico ou inicial da indenização, considerando-se o interesse jurídico lesado, em conformidade com os precedentes jurisprudenciais acerca da matéria (grupo de casos). Assegura-se, com isso, uma exigência da justiça comutativa que é uma razoável igualdade de tratamento para casos semelhantes, assim como que situações distintas sejam tratadas desigualmente na medida em que se diferenciam. Na segunda fase, procede-se à fixação definitiva da indenização, ajustando-se o seu montante às peculiaridades do caso com base nas suas circunstâncias. Partindo-se, assim, da indenização básica, eleva-se ou reduz-se esse valor de acordo com as circunstâncias particulares do caso (gravidade do fato em si, culpabilidade do agente, culpa concorrente da vítima, condição Documento: 17228027 – RELATÓRIO E VOTO – Site certificado Página 1 6 de 25 Superior Tribunal de Justiça econômica das partes) até se alcançar o montante definitivo. Procede-se, assim, a um arbitramento efetivamente eqüitativo, que respeita as peculiaridades do caso. Chega-se, com isso, a um ponto de equilíbrio em que as vantagens dos dois critérios estarão presentes. De um lado, será alcançada uma razoável correspondência entre o valor da indenização e o interesse jurídico lesado, enquanto, de outro lado, obter-se-á um montante que corresponda às peculiaridades do caso com um arbitramento equitativo e a devida fundamentação pela decisão judicial.

Observa-se que, lentamente, está havendo uma maior inclinação da concessão do dano moral aos reais parâmetros vivenciados pela vítima, inclusive pontuando a culpa concorrente, cujas características pessoais podem tanto elevar o valor quanto diminuir. Mas temos esse indicativo de uma nova visão que se molda aos olhos do julgador, no sentido de trazer à realidade da vida as portas da Corte.

CAPÍTULO 3

COMO MENSURAR O DANO MORAL?

Tarefa árdua essa mensuração do dano moral, uma vez considerados os elementos voláteis de sua composição.

O caminho que nos parece mais razoável para uma aproximação real da lesão seria sempre no sentido do reconhecimento da individualidade de cada pessoa, da sua maior ou menor capacidade de suportabilidade da dor ou mesmo de reação a esse sofrimento.

A distinção econômica da parte poderá ser significativa, pois o poder econômico da vítima, aliado sempre a sua condição cultural, alicerça bases concretas a uma maior reação e eficácia contra o mal direcionado a sua pessoa. Como no dano moral lidamos basicamente com o emocional, com a alma, com a dor silenciosa, com a individualidade representada nesse inconsciente ou mesmo na forma de agir de cada um, o nível sociocultural da vítima, aliado a sua condição econômica, tenderá a reduzir os estragos provocados por uma lesão. Há que se considerarem as reais reações em sentido defensivo emanados por essa vítima. Mas de forma geral é significativa a diferença da profundidade da lesão em pessoas com reais diferenças socioculturais e econômicas.

Nesse sentido é importante o poder Estatal preocupar-se em tutelar com maior acuidade os mais desfavoráveis e frágeis.

As legislações modernas já abordam, de forma ainda um pouco velada, essa questão. Observem o ponto sobre a inversão do ônus da prova no Código de Defesa do Consumidor, presente em seu art. 6º, VIII, com os termos hipossuficiência (vulnerabilidade) e alegação verossímil do consumidor:

Art. 6º São direitos básicos do consumidor:

VIII – a facilitação da defesa de seus direitos, inclusive com a inversão do ônus da prova, a seu favor, no processo civil, quando, a critério do juiz, for verossímil a alegação ou quando for ele hipossuficiente, segundo as regras ordinárias de experiências;

Já resta facultado ao julgador perquirir sobre uma condição específica do consumidor para aplicação do dispositivo e leva em consideração esse lado singular da parte quanto a sua capacidade sociocultural e econômica. É o que se pode ler dos termos hipossuficiência, cujo significado está atrelado à condição financeira, e a ideia de vulnerabilidade, que representa estar susceptível a danos físicos ou morais devido a sua fragilidade e, por fim, que haja uma narrativa verossímil, através de uma plausibilidade do que se afirma, devendo haver coerência e nexo com o dano.

Temos também outras leis de caráter especial, como o Estatuto do Idoso, Lei nº 10.741, de 1º de outubro de 2003, que elenca várias garantias e obrigatoriedades com as pessoas que se enquadrem na condição de idosas, previstas basicamente no seu art. 3º e incisos e art. 10:

Art. 3º É obrigação da família, da comunidade, da sociedade e do Poder Público assegurar ao idoso, com absoluta prioridade, a efetivação do direito à vida, à saúde, à alimentação, à educação, à cultura, ao esporte, ao lazer, ao trabalho, à cidadania, à liberdade, à dignidade, ao respeito e à convivência familiar e comunitária.

§1º A garantia de prioridade compreende

I – atendimento preferencial imediato e individualizado junto aos órgãos públicos e privados prestadores de serviços à população;

II – preferência na formulação e na execução de políticas sociais públicas específicas;

III – destinação privilegiada de recursos públicos nas áreas relacionadas com a proteção ao idoso;

IV – viabilização de formas alternativas de participação, ocupação e convívio do idoso com as demais gerações;

V – priorização do atendimento do idoso por sua própria família, em detrimento do atendimento asilar, exceto dos que não a possuam ou careçam de condições de manutenção da própria sobrevivência;

VI – capacitação e reciclagem dos recursos humanos nas áreas de geriatria e gerontologia e na prestação de serviços aos idosos;

VII – estabelecimento de mecanismos que favoreçam a divulgação de informações de caráter educativo sobre os aspectos biopsicossociais de envelhecimento;

VIII – garantia de acesso à rede de serviços de saúde e de assistência social locais.

IX – prioridade no recebimento da restituição do Imposto de Renda.

Art. 10. É obrigação do Estado e da sociedade, assegurar à pessoa idosa a liberdade, o respeito e a dignidade, como pessoa humana e sujeito de direitos civis, políticos, individuais e sociais, garantidos na Constituição e nas leis.

Ou mesmo no Estatuto da Criança e do Adolescente, ECA, previsto na Lei nº 8.069, de 13 de julho de 1990, no seu art. 3º:

Art. 3º A criança e o adolescente gozam de todos os direitos fundamentais inerentes à pessoa humana, sem prejuízo da proteção integral de que trata esta Lei, assegurando-se-lhes, por lei ou por outros meios, todas as oportunidades e facilidades, a fim de lhes facultar o desenvolvimento físico, mental, moral, espiritual e social, em condições de liberdade e de dignidade.

Ou também previsto na Lei nº 8.069, de 07 de agosto de 2006, a chamada Lei Maria da Penha, com garantias e proteção à vulnerabilidade da mulher, com maior destaque na previsão nos arts. 2º, 3º e 4º:

Art. 2º Toda mulher, independentemente de classe, raça, etnia, orientação sexual, renda, cultura, nível educacional, idade e religião, goza dos direitos fundamentais inerentes à pessoa humana, sendo-lhe asseguradas as oportunidades e facilidades para viver sem violência, preservar sua saúde física e mental e seu aperfeiçoamento moral, intelectual e social.

Art. 3º Serão asseguradas às mulheres as condições para o exercício efetivo dos direitos à vida, à segurança, à saúde, à alimentação, à educação, à cultura, à moradia, ao acesso à justiça, ao esporte, ao lazer, ao trabalho, à cidadania, à liberdade, à dignidade, ao respeito e à convivência familiar e comunitária.

§1º O poder público desenvolverá políticas que visem garantir os direitos humanos das mulheres no âmbito das relações domésticas e familiares no sentido de resguardá-las de toda forma de negligência, discriminação, exploração, violência, crueldade e opressão.

§2º Cabe à família, à sociedade e ao poder público criar as condições necessárias para o efetivo exercício dos direitos enunciados no caput.

Art. 4º Na interpretação desta Lei, serão considerados os fins sociais a que ela se destina e, especialmente, as condições peculiares das mulheres em situação de violência doméstica e familiar.

E temos outras várias legislações que preveem inclusive o reconhecimento ao dano moral, além da proteção a essa condição de insuficiência de vulnerabilidade do ser humano.

Entretanto, a condição sociocultural da pessoa lesada tende a influenciar na sua capacidade de reação. Isso não quer significar uma interpretação rígida no sentido da pessoa com posses e com acesso à cultura venha a sofrer menos, mas apenas sinaliza para a sua capacidade de reação contra o mal causado, culminando, assim, com uma melhora do seu estado emocional. Isso é até mesmo dicotômico, quando verificamos que o dano moral necessita de uma elevação da condição educacional para o seu entendimento, mas, ao mesmo tempo, essa elevação, que dá consciência ao dano, poderá ter mecanismos melhores de acesso à sua cura.

Há um erro de interpretação no sentido de que danos perpetuados em pessoas famosas e ricas tenham que ser maiores do que os aplicados a uma pessoa mais simples e financeiramente mais humilde. Em nossa premissa interpretativa isso é um engano, pois a mensuração do dano, no sentido de sua elevação, não pode estar ligada à condição econômica do lesado para uma majoração, mas deve considerar sempre o quanto o ato lesante atingiu a vítima e qual foi sua capacidade de reação à dor, se houve alguma conduta ativa e consciente para reagir a esse dano. Aqueles mais amorfos, e sem a consciência necessária ao entendimento do dano, inclusive com dificuldades reais de expressão dessa dor, merecem maior atenção do Estado e do julgador.

Aquelas lesões tidas, de regra, pela Jurisprudência como de menor poder ofensivo levam em consideração apenas os fatos circunstanciais do dano e mais raramente a individualidade de quem sofreu o dano.

A premissa baseada na interpretação entre o dano sofrido e o *status quo* da vítima com poder pagante do lesante não nos parece também ser o melhor caminho. Há acertos quando observamos que as indenizações devam considerar o poder pagante do causador do dano. Isso é importante, pois o instituto do dano moral deve demonstrar que a lesão não é lucrativa e sequer pode a condição humana ser mensurada pelo poder econômico.

Entretanto, temos observado uma tendência à majoração dos danos morais se a vítima advém de classe social mais elevada. Entendemos ser isso uma forma preconceituosa e errada na aplicação do dano moral. Pior que uma lesão momentânea e cujo lesado consiga reagir à agressão de forma consciente é aquela silenciosa e duradoura, que adentra de forma definitiva na vida da vítima, que, sem a consciência e cultura necessárias para aperceber-se como vítima, introjeta a lesão como parte conceptiva de sua essência, perdurando num conceito de sua própria personalidade.

O pior de tudo, infelizmente, é que esse tipo de vítima tende a receber sempre indenizações menores, isso quando recebe, e tenderá a passar para as futuras gerações as marcas introduzidas em sua alma. É a desumanização operando vítimas em gerações. Com isso, observamos a transmissão do dano moral, através de uma cultura do aprendizado, lapidando almas nascedoramente tristes.

Nesse sentido, havendo a presença do dano moral, as indenizações devem ser continuamente elevadas, principalmente em matérias que atinjam a coletividade.

3.1 A extensão do dano

A vítima do dano moral sempre terá consequências e marcas na sua experiência dolorosa. A maior dificuldade do julgador será, sem dúvida, após identificar o dano, precisar o quanto há de profundidade na dor e lesão sentida pela vítima, quanto lhe foi atingido e seus reflexos.

Como já afirmamos, existem lesões morais tão profundas e silenciosas, tão duradouras, perpétuas, que sua manifestação poderá mesmo ser inexistente, frente a uma reação do ser humano em negar a lesão, negar sua existência. Justamente nesse ponto se observa serem a constatação e a negação faces distintas da mesma moeda. Ao negar ou aceitar, ao esconder ou demonstrar, ao deprimir-se ou ter euforia, ao agir ou recolher, tudo são ações e reações já movidas sobre a influência e mando do dano perpetuado no ser.

Um dos caminhos a auxiliar os julgadores ou mesmo os advogados e partes a identificar com um pouco mais de precisão o quanto um dano tem de profundidade e força na vítima é se valer das perícias psicológicas (feitas por médico psiquiatra ou psicólogo) a fim de identificar a intensidade e poder destrutivo do dano moral nas pessoas. Mas essa perícia ainda é um ponto raro no dia a dia forense.

Nenhum ser humano é igual ao outro. Essa maravilha da própria condição humana acaba sendo um dos itens mais complicados na possibilidade de aferição da dor em cada um. Entretanto, ainda é extremamente rara a realização de perícia em dano moral, principalmente na questão emocional. Isso é explicado, em parte, porque ainda temos um preconceito com a matéria, que ainda é tomada como algo menor, sem tanta relevância, e, portanto, destituído da necessidade probatória pericial.

A maior parte da jurisprudência na concessão de perícia por dano moral relacionado ao ser humano está avençada na área trabalhista relacionada com as relações de trabalho, como acidente do trabalho e outras focadas dentro do ambiente laboral. As de cunho indenizatório na área cível são todas voltadas basicamente a questões subjacentes do feito, como a perícia contábil, grafotécnica ou mesmo médica, porém tipificadas num aspecto material, que passam longe da caracterização do ser humano e sua psique, como se percebe pelos acórdãos juntados, com grifos nossos:

> Ementa: APELAÇÕES CÍVEIS. RESPONSABILIDADE CIVIL EM ACIDENTE DE TRÂNSITO. REPENTINA MANOBRA DE CONVERSÃO. COLISÃO ENVOLVENDO AUTOMÓVEL E MOTOCICLETA. CULPA INCONTROVERSA. DANOS MORAIS. DANOS ESTÉTICOS. LUCROS CESSANTES. PENSIONAMENTO. DANOS MORAIS. De acordo com os documentos juntados ao processo, o autor, em razão do acidente, sofreu ferimento e contusão na perna direita, em razão disso tendo sido encaminhado ao hospital, porém não necessitando de internação. Em que pese o acidente, felizmente, não haja impingido graves lesões ao autor, certo é que houve ofensa à sua integridade física, suficiente à deflagração dos danos morais passíveis de reparação, assim sendo o caso de manutenção da reparação concedida ao demandante na sentença. QUANTUM INDENIZATÓRIO. A quantia arbitrada na origem (R$ 3.000,00) não desborda da média praticada pelo colegiado em situações parelhas, sendo bem dosada em relação às pequenas lesões sofridas e justificando-se, também, pelo aspecto pedagógico da sanção pecuniária, não merecendo majoração, tampouco redução. DANO ESTÉTICO. O dano estético advindo do acidente, segundo o laudo pericial, é mínimo, baseado unicamente na leve cicatriz resultante na perna do autor, a qual, muito embora a ausência de fotografia nos

autos, segundo referido na perícia, se situa na panturrilha (área pouco exposta) e não recomenda correção ou minimização por cirurgia estética, presumindo-se seja insuficiente a ensejar prejuízo à imagem do autor passível de reparação. Afastamento da indenização. DANOS MATERIAIS (LUCROS CESSANTES E PENSIONAMENTO). Não se tendo no processo prova segura sobre a incapacidade do autor, mesmo por certo período, de prosseguir no desempenho de sua atividade laborativa, não há como ser concedida a reparação por lucros cessantes, tampouco o pensionamento postulado. APELAÇÃO DO RÉU PARCIALMENTE PROVIDA. APELAÇÃO DO AUTOR DESPROVIDA. (Apelação Cível nº 70072012313, Décima Segunda Câmara Cível, Tribunal de Justiça do RS, Relator: Ana Lúcia Carvalho Pinto Vieira Rebout, Julgado em 27.07.2017)

Ementa: APELAÇÃO CÍVEL. PROMESSA DE COMPRA E VENDA. IMÓVEL. AÇÃO DE OBRIGAÇÃO DE FAZER C/C INDENIZAÇÃO POR DANOS MORAIS. PRESTAÇÃO ALTERNATIVA. CONVERSÃO EM PERDAS E DANOS. POSSIBILIDADE QUANDO DESCUMPRIDA A PRETENSÃO COMINATÓRIA. DANOS MORAIS NÃO EVIDENCIADOS. MERO DESCUMPRIMENTO CONTRATUAL. 1. A tutela jurisdicional deve ser prestada à luz dos pedidos constantes na petição inicial, sob pena de nulidade. Aplicação do princípio da congruência, insculpido nos artigos 141 e 492 do NCPC. Comprovada – por meio de perícia técnica – a existência de vícios construtivos, correta a condenação da parte ré à obrigação de fazer pretendida pela parte autora, consistente na realização dos reparos por sua conta. Pedido alternativo de conversão em perdas e danos que só tem cabimento em caso de descumprimento da ordem cominatória. Inteligência dos artigos 499 e 325 CPC/2015. 2. Embora o dano moral não decorra de mera falha ou descumprimento contratual, no presente caso, em tendo sido extenuante a situação causada por força dos vícios construtivos, pacíficos os transtornos causados à autora, devendo, portanto, serem reparados. Montante indenizatório mantido. 3. Reserva de honorários sucumbenciais aos patronos anteriores que se mostra devida, tendo em vista que a revogação do mandato se deu após a instrução do feito, que resultou na procedência da ação, em razão do labor da autora durante os três anos em que o feito tramitou. 4. Sucumbência redimensionada em virtude do parcial provimento do apelo da parte ré. Proporcionalidade. APELOS DESPROVIDOS. (Apelação Cível nº 70072570989, Décima Sétima Câmara Cível, Tribunal de Justiça do RS, Relator: Marta Borges Ortiz, Julgado em 27.07.2017)

A grande vantagem quando temos um processo tramitando em discussão sobre aplicação do dano moral é exatamente a judicialização da lesão. Isso é muito positivo por um lado, pois chega ao conhecimento do Judiciário uma questão posta, sendo o principal fato, a própria consciência de que houve um dano e a notícia desse dano.

Esse dado é importante, porque temos a externação da consciência do dano. É um passo significativo de reconhecimento da lesão. Desse modo, se suaviza ou facilita o trabalho do julgador, pois a questão processual já vem moldando e indicando um dano existente.

Temos observado uma tendência dos julgadores e da doutrina em si em exacerbar o pedido de dano moral como a intenção de ganho fácil, numa constante desvalorização do sentir do ser humano, canalizando num mesmo fluxo a água boa com a ruim. Como se observa pelos julgamentos elencados em tribunais diversos do país:

> VOTO Cuida-se de ação na qual pretende a parte autora indenização por danos morais e cancelamento do cartão. Aduz o autor que recebeu, indevidamente, faturas e ligação de cobranças referentes a um cartão de crédito do Banco Réu, o qual desconhece. Sentença de fls. (FLS.27/30) Determinou o cancelamento do cartão de crédito e condenou o réu a indenizar por danos morais no valor de R$2.000,00, sob o argumento de que o réu enviou cobranças indevidas referentes a um cartão sem a solicitação por parte do autor. Recurso do réu fls. 31/37. É o relatório; passo ao voto: Sentença que merece reforma parcial. Em que pese o entendimento do Juízo Monocrático verifica-se pela análise dos autos que a simples emissão de faturas de cobrança, não configura lesão extrapatrimonial que enseje indenização a título de dano moral. Como todos sofrem, no relacionamento do diaadia, transtornos e limitações, esses não podem oportunizar ou caracterizar danos morais, por isso que não atingem o patrimônio ideal do autor, isto é, a esfera íntima de seus sentimentos e emoções, pois, do contrário, a banalização dos danos morais pela só consideração de contrariedade acarretaria total descompasso nas relações sociais, a par de ensejar desmotivadas e fáceis ações. A parte autora não possui direito à indenização por danos morais, uma vez que não houve lesão à sua dignidade ou integridade que mereça compensação pecuniária, mas, talvez, um mero dissabor. Ante o exposto, VOTO, pelo conhecimento e provimento do recurso apenas para excluir a condenação a título de danos morais. Mantendo-se no mais a Sentença conforme prolatada. Sem ônus. Rio de Janeiro, 08 de agosto de 2012 DANIELLA ALVAREZ PRADO JUÍZA RELATORA

(TJ-RJ – RI: 02992380620118190038 RJ 0299238-06.2011.8.19.0038, Relator: DANIELLA ALVAREZ PRADO, Segunda Turma Recursal, Data de Publicação: 13.09.2012 14:53)

DANOS MORAIS – DEVOLUÇÃO DE CHEQUE SEM PROVISÃO DE FUNDOS – INSCRIÇÃO NO CCF – AUSÊNCIA DE REPERCUSSÃO PARA DANOS MORAIS – ALEGAÇÃO DE ESTADO DE GREVE QUE IMPEDIU A REGULARIZAÇÃO – SITUAÇÃO FÁTICA QUE LEVAM AO INDEFERIMENTO DA PRETENSÃO – AUTORA TEVE TEMPO SUFICIENTE ANTES DO PERÍODO DA GREVE E LOGO APÓS AO MESMO PARA RESOLVER O PROBLEMA – INÉRCIA DA MESMA – PARTICIPAÇÃO CULPOSA DA VÍTIMA QUE APAGA AS CONSEQUENCIAS DO ESTADO DE GREVE DA RÉ. – Ocorrendo a devolução do cheque antes do estado de greve da instituição bancária, por duas oportunidades, sendo a correntista notificada para regularizar a situação e buscou a agência no penúltimo dia, data que iniciou a situação paredista, bem como, procurou a solução de seu problema somente 10 dias após o encerramento dessa; é razão suficiente para não ser reconhecido ilicitude que pudesse sustentar os danos morais, porquanto a ação da vítima é de tal sorte, que supera a da casa bancária. – Emanando dos autos que o pedido aos danos extrapatrimoniais se baseiam em fatos onde o consumidor dera causa absolutamente preponderante, não pode usar da sua torpeza para buscar a pecúnia compensatória; sob pena de ser patrocinado o ganho de pecúnia injustificada e a banalização dos danos morais. Recurso provido para improcedência, pela especificidade do caso.

(TJ-SC – AC: 312339 SC 2010.031233-9, Relator: Guilherme Nunes Born, Data de Julgamento: 19.07.2011, Câmara Especial Regional de Chapecó, Data de Publicação: Apelação Cível n. , de Xanxerê).

RECURSO INOMINADO. DEFEITO EM APARELHO AR CONDICIONADO. NÃO SANADO. RESTITUIÇÃO DO VALOR DO BEM. DANOS MORAIS INOCORRENTES. MERO DESCUMPRIMENTO CONTRATUAL NÃO ENSEJA REPARAÇÃO POR DANOS MORAIS, SOB PENA DE BANALIZAÇÃO DO INSTITUTO. MERO ABORRECIMENTO QUE NÃO TEVE O CONDÃO DE GERAR ABALO DE NATUREZA EXTRAPATRIMONIAL. AUSÊNCIA DE COMPROVAÇÃO DE QUE A CONDUTA DA RÉ TENHA MACULADO A DIGNIDADE, NEM MESMO LESADO OS DIREITOS DE PERSONALIDADE DA AUTORA. SENTENÇA MANTIDA POR SEUS PRÓPRIOS FUNDAMENTOS. RECURSO DESPROVIDO. (Recurso Cível Nº 71005489364, Terceira Turma Recursal Cível, Turmas Recursais, Relator: Regis de Oliveira Montenegro Barbosa, Julgado em 25.06.2015).

(TJ-RS – Recurso Cível: 71005489364 RS, Relator: Regis de Oliveira Montenegro Barbosa, Data de Julgamento: 25.06.2015, Terceira Turma Recursal Cível, Data de Publicação: *Diário da Justiça* do dia 30.06.2015)

Existem, naturalmente, as más intenções nas atitudes judicializadas também, mas isso, definitivamente, não é a regra. A regra é a violação em massa, em várias esferas do contato humano e da nossa sociedade, seja nas relações de consumo ou mesmo nas mais simples relações humanas, ainda somos carecedores do respeito um pelo outro.

Nesse aspecto é importante aferir dados da vítima, seu contexto social, o quanto de seu discernimento, de sua personalidade e autoestima foi atingido. O contexto do meio social onde o lesado se encontra tem relevante significado. A cidade grande, em alguns danos, pode minorar a sua fixação. Em contrário, cidades pequenas podem agravar sua condenação. Como se vislumbra, por exemplo, em danos desferidos a um profissional liberal que atinjam sua profissão, com reflexos na clientela. As lesões silenciosas propagadas no boca a boca podem ser tão violentas que venham impossibilitar a esse profissional de seguir o seu ofício na localidade.

Essa potencialização está presente na facilidade do meio virtual e pode tomar conotações de cunho mundiais, podendo permanecer inclusive por tempo indeterminado em áreas como a internet obscura (*deep web*),[11] que vem a ser dados que não estão disponíveis a todos,

---

[11] Como nos explica o site www.significados.com.br na matéria titulada "O que é *deep web*?":
"*Deep Web* é o nome dado para uma zona da internet que não pode ser detectada facilmente pelos motores de busca, garantindo privacidade e anonimato para os seus navegantes. É formada por um conjunto de sites, fóruns e comunidades que costumam debater temas de caráter ilegal e imoral.
Deep Web é uma expressão inglesa e significa literalmente "Internet Profunda". Também conhecida por Undernet ou Darknet, a *deep web* é considerada uma "internet invisível", isso porque todo o conteúdo disponível em seu interior não é de fácil acesso para a maioria dos internautas, e os produtores desses conteúdos optam por manter o seu anonimato, através de softwares que dificultam a sua identificação.
Os endereços eletrônicos que estão na *deep web*, ao contrário dos disponíveis na "internet convencional", não são construídos em um formato HTML, justamente para dificultar o acesso a estas páginas. Para isso, é necessário a instalação de programas específicos e o uso de "códigos secretos" para finalmente conseguir acessar alguns desses sites.
Os sites que estão na deep web buscam uma coisa em comum: a privacidade. Os internautas que navegam por lá não querem ser importunados por outros usuários ou simplesmente (e principalmente), são criminosos, assassinos, pedófilos, participantes de seitas satânicas ou demais grupos que pregam atividades imorais e de violência explícita contra o ser humano.
A *Deep Web* é enorme, chegando a ser 500 vezes maior do que a"surface web" ("web da superfície"), com vários conteúdos excêntricos e "bizarros", como fotos de pessoas sendo torturadas, crianças estupradas e demais artigos violentos e sádicos.[...]".

mas que permanecem na nuvem virtual eternamente sendo acessados continuamente. Há os que afirmem que uma vez lançados na rede mundial imagens, sons e vídeos, nunca mais se pode apagá-los, permanecem de alguma forma levitando sobre nossas cabeças. As vítimas mais usuais e conhecidas são artistas, políticos(as) e suas esposas(maridos), intelectuais e esportistas de renome, cuja lesão pode tomar rumos do direito internacional e envolver países e personalidades jurídicas diversas, com culturas díspares.

O apedrejamento de mulheres adúlteras nos países muçulmanos tem uma origem moral, mas com conotações para outros países de uma verdadeira barbárie. A moral também está interligada à cultura, à formação e aos costumes de um povo. Como se pode extrair da explicação sobre moral presente no site significados:

> Moral é o conjunto de regras adquiridas através da cultura, da educação, da tradição e do cotidiano, e que orientam o comportamento humano dentro de uma sociedade.
>
> Etimologicamente, o termo moral tem origem no latim *morales*, cujo significado é "relativo aos costumes".
>
> As regras definidas pela moral regulam o modo de agir das pessoas, sendo uma palavra relacionada com a moralidade e com os bons costumes. Está associada aos valores e convenções estabelecidos coletivamente por cada cultura ou por cada sociedade a partir da consciência individual, que distingue o bem do mal, ou a violência dos atos de paz e harmonia.
>
> Os princípios morais como a honestidade, a bondade, o respeito, a virtude, e etc., determinam o sentido moral de cada indivíduo. São valores universais que regem a conduta humana e as relações saudáveis e harmoniosas.[12]

O homem é capaz de exprimir os seus sentimentos, capaz de externar sua vontade em conjunto com seus semelhantes. Sendo justamente essa capacidade onde se encontra, inclusive, a abstração da dor, do sentimento e o isolamento do outro.

A maior dificuldade na aplicação do dano moral advém dessa restrição de termos a capacidade de nos colocarmos no lugar do outro, de sentir aquilo que o nosso semelhante está passando. Assim também nos explica o Professor Miguel Reale:

---

[12] Disponível em: www.significados.com.br. Matéria "O que é Moral?".

O homem é o valor fundamental, algo que vale por si mesmo, identificando-se seu ser com a sua valia. De todos os seres, só o homem é capaz de valores, e as ciências do homem são inseparáveis de estimativas.

Um cientista, como o químico ou o físico, ao realizar uma experiência, não indaga do sentido ou do significado axiológico daquilo que se processo diante de seus olhos, mas procura apenas descrever o fenômeno em suas relações objetivas, embora esteja condicionado por modos de perceber ou teorias que implicam valorações. Um estudioso do mundo físico-natural não toma posições, positiva ou negativa, perante o fato, porque é seu propósito captá-lo em sua objetividade. Quando, porém, o homem, perante os fatos, toma uma posição, estima o mesmo fato e o situa em uma totalidade de significados, dizemos que surge propriamente o fenômeno da compreensão. Não se trata de explicar o fenômeno nos seus nexos causais, mas de compreendê-lo naquilo que esse fato, esse fenômeno "significa" para a existência do homem: o ato de valorar e componente intrínseco do ato de conhecer.

[...].

O problema dos valores, portanto, é problema de compreensão e não de explicação. Só o homem tem essa possibilidade de integrar as coisas e os fenômenos no significado de sua própria existência, dando-lhes assim uma dimensão ou qualidade que em si mesmos não possuem, senão de maneira virtual.

[...].

Quando se estuda o problema do valor, devemos partir daquilo que significa o próprio homem. Já dissemos que o homem é o único ser capaz de valores. Poderíamos dizer, também, que o ser do homem é o seu dever ser. O homem não é uma simples entidade psicofísica ou biológica, redutível a um conjunto de fatos explicáveis pela Psicologia, pela Física, pela Anatomia, pela Biologia. No homem existe algo que representa uma possibilidade de inovação de superamento. A natureza sempre se repete, segundo a fórmula de todos conhecida, segundo a qual tudo se transforma e nada se cria. Mas o homem representa algo que é um acréscimo à natureza, a sua capacidade de síntese, tanto no ato instaurador de novos objetos do conhecimento, como no ato constitutivo de novas formas de vida. O que denominamos poder nomotético do espírito consiste em sua faculdade de outorgar sentido aos atos e às coisas, faculdade essa de natureza simbolizante, a começar pela instauração radical da linguagem.

No centro de nossa concepção axiológica situa-se, pois, a idéia do homem como ente que, a um só tempo, é e deve ser, tendo consciência dessa dignidade. É dessa autoconsciência que nasce a idéia de pessoa, segundo a qual não se é homem pelo mero fato de existir, mas pelo significado ou sentido da existência.[13]

3.2 Mensurando a dor e arbitrando o *quantum*

A questão básica é como mensurar uma dor, como auferir um padrão de medida, de intensidade de mácula real a incutir uma indenização?

Como já dito, transpassado os elementos caracterizadores do dano moral, temos de abarcar a vítima, isolar o ser humano dentro de um contexto. Sua classe social, sua cultura, sua capacidade de discernimento e compreensão sobre o dano moral e, em contrapartida, suas condições emocionais de reação ao mal imposto.

Nesse aspecto, a personalidade da vítima é significativa, pois seu caráter e sua cultura vão definir sua capacidade de reação. A possibilidade de agir contra o ato lesante é fundamental para criar condições na vítima de um caminho de restauração. Mas essa "consciência" do dano deve ser forjada, basicamente, pela educação, pelo fortalecimento de preceitos éticos do respeito ao próximo e pela aceitação de diferenças entre as pessoas com um crescente elevar da alma humana.

Infelizmente esse aprendizado leva muitos anos para ser alcançado e não raras vezes um caminho de conscientização social passa pelo Judiciário. É a formação lenta do conceito amplo de cidadania, de integração social e de suportabilidade mútua entre seres que deveriam ser iguais.

Nesse contexto, o reconhecimento do dano pelo poder estatal é muito importante e se torna ferramenta significativa de modificação de preceitos sociais.

A premissa básica do dano moral quando aplicado deve ser o seu caráter educativo e de reparação. Temos de considerar os níveis educacionais do local onde se aplica uma condenação em dano moral, pois os significados da punição, além de minimizar os efeitos da dor, servem para educar e forjar uma cultura diversa no lesante em um futuro próximo, alavancando uma melhoria das relações sociais.

---

[13] REALE, Miguel. *Filosofia do direito*. Saraiva. 1991, p. 210 e 211.

A figura do agente lesante tem forte papel nesse contexto e deve ser pinçada no meio. Os julgadores e os operadores do direito devem observar os lesantes com muita atenção, visto que mais de cinquenta por cento (50%) da condenação imposta deve visar ao agente causador do sofrimento alheio, como caráter fundamental para a sua educação.

Logo, os conceitos tradicionais de fixação do valor indenizatório nas demandas devem, cada vez mais, observar o já conhecido poder pagante do causador do dano, mas principalmente o passado desse agente, o seu histórico, sua "vida pregressa" em paralelo ao direito penal mirando nas entrelinhas de seu currículo uma válvula a mensurar sua condenação.

Haverá diferenças, portanto, da concepção básica de que condenação imposta e paga extinguiria ao lesante o seu ato violador. Num contexto moderno, de entendimento educacional pelo dano moral, o passado e os antecedentes do lesante são não só significativos como definidores de sua condenação.

Nesse contexto poderíamos citar as relações de consumo, em prestações de serviços que atingem a coletividade. Como em serviços de telefonia (móvel ou fixa), de planos de saúde, de televisão e internet a cabo ou sinal e mesmo as mídias televisivas em programas de cunho sensacionalista e de visível precariedade cultural.

Esses danos, oriundos dessas relações de consumo coletivo, ditos por muitos doutrinadores como danos menores são, em verdade, danos que mais mereceriam atenção na fixação de valores e na sua concessão. Esse pensamento vem expresso em centenas de julgamentos praticados por vários tribunais no país, em mais de um Estado, portanto.

Como no caso de relações com os bancos, privados ou públicos, em que observamos a falta de respeito com o ser humano em itens básicos, como a falta de informações dos serviços e preços cobrados:

PROCESSO CIVIL. APELAÇÃO CÍVEL. AÇÃO REVISIONAL. DANO MORAL. O MERO DISSABOR NÃO CARACTERIZA DANO MORAL. É INCABÍVEL A INDENIZAÇÃO NÃO SE TRATANDO DE DANO, SOB PENA DE ENRIQUECIMENTO ILÍCITO. RECURSO CONHECIDO E IMPROVIDO. 1. A matéria sub examinem trata de má prestação de informações pela instituição financeira, ora apelada, ao consumidor e o conseqüente dano causado ao último, tendo em vista que a mesma deixou de fornecer boletos necessários ao pagamento com desconto. 2. Cabe-me analisar a responsabilidade civil da instituição recorrente pelos atos ilícitos praticados por ela, oriundos de uma má prestação de serviço, bem como a extensão dos danos, para fins de quantificar a justa indenização. 3. Incumbe a instituição financeira o dever de informar de forma satisfatória o consumidor acerca dos serviços e produtos adquiridos, bem como de suas especificidades, o que não ocorreu no presente caso. 4. A cobrança realizada pela apelada somente implicou, no presente caso, irritação e mero aborrecimento, não sendo, por si só, capaz de caracterizar o dano moral, tendo em vista que a jurisprudência é uníssona no sentido de que o mero dissabor, o aborrecimento e a irritação estão fora da órbita do dano moral. 5. Recurso conhecido e Improvido.

(TJ-PI – AC: 00260103320078180140 PI 201400010025858, Relator: Des. Hilo de Almeida Sousa, Data de Julgamento: 07.10.2015, 3ª Câmara Especializada Cível, Data de Publicação: 20.10.2015)

Nas relações com a telefonia fixa ou móvel, quando lançam contas inexistentes,

APELAÇÕES CÍVEIS. CIVIL E PROCESSUAL CIVIL. CONTRATOS. AÇÃO DE RESILIÇÃO E CONDENATÓRIA. DANOS MATERIAIS E MORAIS. AQUISIÇÃO DE INTERNET E VOIP. MODEM INCLUSO. DEFEITO DO SERVIÇO. PARCIAL PROCEDÊNCIA NA ORIGEM. – RECURSO DA RÉ. PRELIMINARES. ILEGITIMIDADE PASSIVA. NÃO OCORRÊNCIA. VÍCIOS A ELA IMPUTADOS. – DENUNCIAÇÃO DA LIDE. DESCABIMENTO. TERCEIRO ESTRANHO AO ILÍCITO. – MÉRITO. REGIÃO SEM COBERTURA. RESPONSABILDIADE OBJETIVA. EXCLUDENTES NÃO VERIFICADAS. DEVOLUÇÃO DO MONTANTE PAGO. – RESTITUIÇÃO DO EQUIPAMENTO. CABIMENTO. ENRIQUECIMENTO ILÍCITO VEDADO. – RECURSO PARCIALMENTE PROVIDO. – Apesar de o modem ter sido adquirido de terceira pessoa, a base da responsabilidade civil imputada à ré não decorre de qualquer vício imputado a esse equipamento, mas sim, diretamente, do defeito nos serviços prestados por essa. Legitimidade inconteste e denunciação inviável. – Se o consumidor adquire determinado bem única e exclusivamente com o fito de usufruir dos serviços contratados pela ré, deve essa ressarcí-lo dos valores despendidos no caso de defeito na internet e no sistema VOIP, já que inútil a compra ao fim a que se destinava. – Se o contratante é indenizado do montante pago na compra do equipamento, impõe-se a sua devolução à ré, no estado em que se encontrar, sob pena de enriquecimento ilícito. – RECURSO DO AUTOR. ABALO ANÍMICO. ABORRECIMENTO INAPTO À COMPENSAÇÃO. MERO DISSABOR. – REPETIÇÃO EM DOBRO. ART. 42 DO CDC. ERRO JUSTIFICÁVEL. REJEIÇÃO.

– RECURSO DESPROVIDO. – De fato, segundo a moderna doutrina e a jurisprudência dominante, pequenos dissabores e contrariedades, normais na vida em sociedade, não são indenizáveis. Imprescindível asseverar que na vida em sociedade as pessoas tem que se submeter a certas situações inevitáveis, sob pena de se tornar impossível tal convivência, ainda mais nos dias de hoje. Nessa linha de raciocínio, existem situações que se consubstanciam em aborrecimentos comuns do cotidiano moderno, não suscetíveis de indenização. São situações, certamente, desagradáveis, que geram aborrecimentos, mas que, no entanto, são inevitáveis e não passíveis de qualquer reparação. (STJ. REsp n. 604.620/PR. Rel. Min. NANCY ANDRIGHI. Julg. 01.09.2005). – Enquanto o Código Civil somente admite a má-fé como causa bastante à repetição em dobro do indébito, a legislação especial (CDC) permite que a mera culpa stricto sensu leve a essa punição, exceção, por certo, aos casos de erro justificável.

(TJ-SC – AC: 555849 SC 2009.055584-9, Relator: Henry Petry Junior, Data de Julgamento: 04.11.2011, Quinta Câmara de Direito Civil, Data de Publicação: Apelação Cível n. , de Lages)

RECURSO INOMINADO. CONSUMIDOR. TELEFONIA FIXA. COBRANÇA POR SERVIÇO NÃO SOLICITADO. AUSÊNCIA DE COMPROVAÇÃO DA CONTRATAÇÃO. SITUAÇÃO QUE CARACTERIZA MERO DISSABOR DO COTIDIANO. DANO MORAL NÃO CONFIGURADO, VEZ QUE NÃO COMPROVADA OFENSA A ATRIBUTO DA PERSONALIDADE, NÃO HAVENDO POSSIBILIDADE DE INDENIZAÇÃO POR DANOS MORAIS COM CARÁTER PUNITIVO, DADA A CARACTERÍSTICA DE SEREM ELES MERAMENTE COMPENSATÓRIOS. SENTENÇA MANTIDA. RECURSO DESPROVIDO. (Recurso Cível Nº 71005843800, Terceira Turma Recursal Cível, Turmas Recursais, Relator: Luís Francisco Franco, Julgado em 25.02.2016).

(TJ-RS – Recurso Cível: 71005843800 RS, Relator: Luís Francisco Franco, Data de Julgamento: 25.02.2016, Terceira Turma Recursal Cível, Data de Publicação: Diário da Justiça do dia 02.03.2016)

Quanto à relação com o ente público, nos serviços prestados indevidamente à sociedade:

APELAÇÃO CÍVEL – AÇÃO DE REPARAÇÃO DE DANOS MATERIAIS E MORAIS – ACIDENTE DE TRÂNSITO – Denunciação à lide – Inadmissibilidade – Poste no meio da via pública – Responsabilidade Civil Objetiva – Art. 37, §6º, da CF – Comprovado o nexo causal – Omissão da Municipalidade – Danos morais indevidos – Acidente que ocasionou apenas danos patrimoniais – Mero dissabor não caracteriza dano moral – Aplicação do art. 252 do Regimento Interno dessa Corte Estadual – Sentença mantida – RECURSOS DESPROVIDOS.

(TJ-SP – APL: 00007522820128260300 SP 0000752-28.2012.8.26.0300, Relator: Ana Catarina Strauch, Data de Julgamento: 01.03.2016, 27ª Câmara de Direito Privado, Data de Publicação: 14.03.2016)

INDENIZAÇÃO Responsabilidade civil Danos morais Cobrança indevida de tributo (IPTU) Não caracterização do dano – Pequenos dissabores e aborrecimentos triviais, ainda que decorrentes de erro da administração, são consequências indesejadas da vida em sociedade, que não geram direito à indenização – Direito à indenização inexistente Sentença de improcedência Recurso não provido.

(TJ-SP – APL: 17265520118260541 SP 0001726-55.2011.8.26.0541, Relator: Reinaldo Miluzzi, Data de Julgamento: 24.09.2012, 6ª Câmara de Direito Público, Data de Publicação: 27.09.2012)

Nos consórcios, com seus contratos, com a desistência do consumidor no plano contratado, com a cobrança de resíduos, etc.:

CIVIL. CDC. CONSÓRCIO. COBRANÇA. DECLARAÇÃO DE INEXISTÊNCIA DE DÉBITOS PROVENIENTES DA PARCELA VENCIDA EM 06.07.2006 E RESÍDUOS ANTERIORES. EMISSÃO DE BOLETOS POSTERIORES À COBRANÇA, SEM ENCARGOS MORATÓRIOS. DANO MORAL NÃO RECONHECIDO. ATO ILÍCITO QUE SE CARACTERIZA COMO MERO DISSABOR OU CONTRATEMPO DO COTIDIANO. DECISÃO: RECURSOS IMPROVIDOS. SENTENÇA MANTIDA. 1- COMPULSANDO-SE OS AUTOS, TEM-SE QUE NÃO HÁ PROVAS DA EXISTÊNCIA DE DÉBITOS EM ABERTO DA CONSORCIADA, RELATIVOS À PRESTAÇÃO VENCIDA EM 06.07.2006 E NEM DE RESÍDUOS ANTERIORES QUE POSSAM SER OBJETO DE COMPENSAÇÃO NOS PAGAMENTOS SUBSEQÜENTES. 2- A EMISSÃO DOS BOLETOS DE PAGAMENTO, POSTERIORES À COBRANÇA INDEVIDA, DEVEM SER EFETIVADOS SEM A INCLUSÃO DE ENCARGOS MORATÓRIOS. 3 – O CONSTRANGIMENTO OU ABALO PSICOLÓGICO CARACTERIZADOR DE DANO MORAL É AQUELE QUE AFETA SOBREMANEIRA OS DIREITOS DA PERSONALIDADE E NÃO QUALQUER CONTRATEMPO COTIDIANO. 4 – CONFORME ASSENTADO NA JURISPRUDÊNCIA DO STJ, MERO DISSABOR NÃO CARACTERIZA DANO MORAL INDENIZÁVEL. 4- RECURSOS NÃO PROVIDOS, SENTENÇA MANTIDA.

(TJ-DF – ACJ: 78943920068070004 DF 0007894-39.2006.807.0004, Relator: IRACEMA MIRANDA E SILVA, Data de Julgamento: 24.04.2007, SEGUNDA TURMA RECURSAL DOS JUIZADOS ESPECIAIS CÍVEIS E CRIMINAIS DO DF, Data de Publicação: 24.05.2007, *DJU*, p. 115 Seção: 3)

São vários os entendimentos na negativa de aplicação do dano moral, justamente na esfera daqueles danos coletivos que atingem a população, e justamente em uma parcela da sociedade que fica à mercê das manobras financeiras dos grandes blocos econômicos, sofrendo cotidianamente as lesões.

A reincidência sistemática e crônica dessas violações, como remessa indevida de devedores às empresas de proteção de crédito, à cobrança por serviços precários ou inexistentes, a obscuridade das informações ao consumidor, a exposição de terceiros à mídia digital, são apenas pequenos exemplos de uma conduta diariamente incentivada com as sistemáticas condenações irrisórias ou mesmo a ausência de condenações. O Judiciário e os operadores do direito ainda tendem a ver o dano moral como uma forma de ganho monetário fácil, sem antever que em realidade o ganho fácil está na mão de empresas e pequenos grupos que optam pelo caminho da violação, incutindo o dano moral a terceiros, porque ainda é mais econômico em detrimento do lucro excessivo angariado.

Pela matemática, o lucro é infinitamente maior do que o risco a enfrentar um processo judicial. Mesmo a demanda sendo positiva, o que nem sempre ocorre, é ainda muito lucrativa a violação, demonstrando com clareza estar errado o pensamento da indústria do dano moral. Diríamos, isso sim, indústria de violações!

Bem, nesses casos, a condenação deve ser suficiente e forte a ponto de surtir efeito na parte mais sensível da modernidade, a pecúnia.

As indenizações devem tomar um cunho mais expressivo, sendo elevadas de forma significativa, levando em consideração o aspecto educativo da punição. Do contrário, se alimenta um sistema em sentido inverso a tudo que deve representar o dano moral.

A opção pela judicialização das violações já predispõe um entendimento do dano havido. Se as condenações seguirem esse entendimento de concessão de baixos valores, há uma perda de estímulo às pessoas para buscarem a eficácia do sistema.

O poder estatal acaba servindo a bandeira diversa daquela por que foi criado. Os aplicadores do direito devem estar atentos a essa questão, a condenação servirá muito mais ao lesante e à sociedade do que à própria vítima. Há que se superar essa visão míope de uma aplicação rasa do direito. É necessário vislumbrar o futuro e trabalhar para isso.

Por outro lado, na complexidade da vida moderna, resta à vítima o conforto da reparação. Mas não uma reparação pífia, que quando muito cobrirá o gasto com a contratação de um profissional. A condenação deve ter envergadura suficiente a devolver certa sensação de paz à vítima, no sentido de um reconhecimento de sua condição humana, de uma devolução de sensatez em uma relocação do lesado ao seio social.

Os valores oriundos da condenação devem, por isso, ser suficientes a ponto de facultar à vítima essa reinserção social, seja mesmo através da possibilidade de comprar bens materiais ou outros símbolos de *status* social, devolvendo, assim, um bálsamo à mente do lesado, uma sacies oriunda da realização de uma justiça.

O exemplo social que restará dessas condenações é primordial para o futuro da sociedade, se realmente esperamos ver dias melhores.

3.3 O dano moral como caráter educativo

A pedagogia da condenação é a nova premissa a ser considerada na dimensão de um direito civil punitivo.

Hoje, na modernidade, os valores humanos e sociais ficam cada vez mais atrelados a questões financeiras. A sociedade se alicerçou sobre bases consumistas, tendo por escopo o dinheiro, as posses, o *status* social. Hoje, a busca é no sentido de ter mais e não ser mais.

O desenvolvimento emocional e educativo, baseado no respeito ao próximo, na consideração das diferenças e diversidades são perspectivas de valor que se perderam. Estamos, hoje, vivendo um processo de massificação do pensamento e retornamos a um domínio de poucos sobre muitos.

Essa corrente nos empresta o lúcido pensamento do psicanalista Erich Fromm, no livro *Psicanálise da sociedade contemporânea*, isto ainda em 1970, data da publicação brasileira:

> Outro fato decisivo conhecido pelo homem do século XX é o milagre da produção. Ele maneja forças milhares de vezes mais poderosas do que as que a Natureza havia posto a sua disposição: o vapor, o petróleo, a eletricidade converteram-se em seus servos e bestas de carga. Atravessa os oceanos e os continentes, primeiro em semanas, depois em dias

e agora em horas. Aparentemente, vence as leis da gravidade, e voa através dos ares; converte os desertos em terras férteis, e faz chover, em vez de apenas rezar para que isso aconteça. O milagre da produção leva ao milagre do consumo. Já não há barreiras tradicionais a impedir que alguém compre o que bem lhe aprouver. Tudo o que necessita é dinheiro, e é cada vez maior o número de pessoas que o possuem, não, talvez, para comprar pérolas legítimas, mas pérolas artificiais, para comprar Fords que parecem Cadillacs, roupas baratas que parecem caras, cigarros que são os mesmos para os milionários e para os operários. Tudo está ao alcance de todos, tudo pode ser comprado, tudo pode ser consumido. Quando houve uma sociedade em que ocorresse tal milagre?

Os homens trabalham juntos. Entram aos milhares em fábricas e oficinas, e chegam em automóveis particulares, em trens subterrâneos, em ônibus, em bondes; trabalham juntos em ritmos prescritos pelos peritos, com métodos de concepção dos peritos, nem com demasiada lentidão, nem com demasiada rapidez, mas juntos: cada um forma parte do todo. À noite, a corrente corre em sentido inverso: todos leem os mesmos jornais, escutam os programas de rádio, veem filmes, os mesmos para os que estão no cimo e para os que estão no primeiro degrau da escada social, para o inteligente e ara o estúpido, para o educado e para o não educado. Produzem, consomem e gozam juntos, concordes, sem suscitar problemas. Esse é o ritmo de sua vida.

Que classe de homens necessita, pois, a nossa sociedade? Qual o "caráter social" adequado ao século XX?

Necessita de homens que se sintam livres e independentes, que sintam não estar submetidos a nenhuma autoridade, nenhum princípio, a nenhuma consciência; porém que queiram ser mandados, fazer o que deles se espera e adaptar-se sem atritos ao mecanismo social. Como pode o homem ser guiado sem se recorrer a força, ser conduzido sem chefes, ser incitado sem metas, salvo a de tomar parte no desenvolvimento, de atuar, de avançar...?[14]

Não por menos, nessa perspectiva, o valor econômico das condenações assume importante papel transformador, como forma de inibir condutas lesivas e gerar desestímulos aos agressores. O poder punitivo estatal deve ser exercido também na esfera privada, de modo a conter os abusos de uns contra os outros, através da fixação de valores

---

[14] FROMM, Erich. *Psicanálise da sociedade contemporânea*. Rio de Janeiro: Zahar, 1970, p. 111 e 112.

reparatórios de danos morais em patamares compatíveis com o ideário social.

O Estado, com seu poder regulamentador e, porque não dizer, punitivo instrumentalizou as pessoas para disporem de uma ferramenta importante, nessa tentativa de retorno de uma saúde coletiva melhor.

Mas caberá ao Judiciário devolver um aspecto humanitário à grande massa de pessoas, que vagam desalmadas no turbilhão da vida moderna, sendo tragadas pela máquina consumista.

As violações perpetuadas nas esferas sociais são enormes. Cada vez mais sofisticadas, engenhosas, difíceis de aferir.

Quando uma demanda bate à porta do Judiciário clamando pelo dano moral, existem milhares de outros danos sendo solidificados de forma calada, adentrando nessa alma de zumbis das pessoas, passando longe da justiça. Esse momento é de suma importância, é a hora crucial de buscar não só o alento de quem sofre, mas a real possibilidade de modificação de uma concepção arraigada no sentido da banalização da dor, da massificação das violações e do lucro fácil. Ainda temos a certeza de que caminhar contrário ao respeito ao próximo é ainda muito lucrativo, e essa verdade faz a perpetuação do ato ilícito, a compensação financeira ainda é muito maior.

O posicionamento passivo das pessoas, a aceitação das violações e o costume da dor criam e alimentam esse sistema perverso.

Justamente quando alguém busca a indenização por dano moral, mesmo nos casos em que sua motivação não seja revestida de uma honestidade é positiva, e a condenação deve ser relevante, deve calcar caminho diverso do entendimento "indústria do dano moral", pois será através de uma condenação expressiva em valores econômicos que se resgatarão as almas em constante estado de violação.

Essa oportunidade o Judiciário tem desperdiçado constantemente, ao fixar valores pequenos nas condenações. Ainda temos uma visão de curto alcance quanto às reais possibilidades de modificação social, mas precisamos levar a sério o dano moral.

O peso de maior valor social, o dinheiro, a pecúnia, motivo de tantas guerras, ódios e dominação, será através da ferramenta do dano moral, uma forte mola propulsora para modificação do pensamento e da conduta no seio da sociedade.

Parece pouco, mas não é. Ao avaliarmos as condenações levando em conta o nível social da vítima e negligenciarmos quanto à posição do violador e seu histórico, deixamos escapar forte possibilidade de melhoria das relações humanas.

Movidos pelo medo, esse sentimento antigo da humanidade, caso a caso, vai-se inserindo uma nova concepção social, um novo entendimento. Vai-se forjando o respeito ao próximo, não pelas razões que deveriam ser humanas, mas, ao inverso, justamente ao ponto mais zeloso da sociedade, o dinheiro. O receio de perder novos e mais volumosos valores nas condenações farão o freio nas avalanches de violações. Vai retirar a lucratividade em atividades que usurpam a essência das pessoas.

Nesse aspecto reside a glória do dano moral. Estar-se-á dando significativo passo ao progresso social, a um respeito maior às relações humanas. O direito deve se adaptar às novas conjecturas e deve utilizar as suas ferramentas para, através de um processo judicial, voltar a inserir outros valores, como respeito, aceitação das diferenças e um convívio social mais harmônico.

É quase o princípio da homeopatia, de curar com o próprio veneno: *"similia similibus curantur"* (semelhante pelo semelhante se cura).[15]

A educação é lenta, a formação cultural e epistemológica[16] denota tempo, o exercício da razão caminha a passos curtos. É chegado o momento da aplicação mais severa do dano moral, buscando através de uma premissa antiga, "olho por olho, dente por dente"[17] com uma

---

[15] Similia similibus curantur. In: DICIONÁRIO INFOPÉDIA DE TERMOS MÉDICOS. Porto: Porto Editora, 2003-2017.
"Expressão que designa o princípio fundamental da homeopatia: os semelhantes curam-se pelos semelhantes, querendo esta expressão significar que as doenças são curadas por remédios que produzem efeitos semelhantes aos da própria doença."
Disponível em: https://www.infopedia.pt/dicionarios/termos-medicos/Similia similibus curantur.

[16] Disponível em: www.significados.com.br.
Epistemologia significa ciência, conhecimento, é o estudo científico que trata dos problemas relacionados com a crença e o conhecimento, sua natureza e limitações. É uma palavra que vem do grego.
A epistemologia jurídica examina os fatores que condicionam a origem do direito, e tem como um dos seus objetivos tentar definir o seu objeto. A epistemologia jurídica é uma área que está ligada à reflexão, que leva a um entendimento das várias formas de compreender o conceito de Direito. A epistemologia jurídica aborda o ser humano como um ser único, onde cada um apresenta formas distintas de pensar e agir, e por esse motivo, o Direito pode ter várias interpretações".

[17] Disponível em: www.significados.com.br.
"Olho por olho, dente por dente" é uma expressão que significa vingança, e que o castigo deve ser dado na mesma proporção do dano causado.
Olho por olho, dente por dente, é um dito popular que sugere uma punição do mesmo tamanho da ofensa.
A expressão "Olho por olho, dente por dente", surgiu na antiguidade, onde a justiça era feita pelas mãos dos homens".

releitura moderna ao Estado Democrático de Direito, curando o mal com o próprio desejo doentio pela pecúnia, pelo capital.

Essa é a grande ferramenta à disposição dos operadores do direito, uma alternativa saudável de resgate desses milhões de seres humanos violados diariamente nessa cultura massificadora com perpetuação da dor e das neuroses coletivas.

A MUDANÇA DA VIDA E DAS ATITUDES

O caminho da educação, do respeito ao próximo e da tolerância são vias inevitáveis para a obtenção de uma sociedade mais humana, justa e factível.

Em países como o nosso, com baixo nível educacional, com enormes carências sociais, com necessidades clementes de satisfações básicas da condição humana, falar em dano moral parece mesmo uma piada, uma brincadeira.

Quando observamos um quadro devastador no reconhecimento do outro como um ser humano igual, que passa pelos mesmos problemas de necessidade física e emocional nossos, quando o desnível entre as classes sociais é muito gritante, recheado por atos de corrupção, drogas e diminuição da participação social na vida política de um país, de uma comunidade, quando os mais oprimidos e pobres são explorados e mantidos na linha da ignorância emocional, vemos um ambiente propício a deflagrar a válvula das violações.

Uma das essências básicas dessa condição advém do fato de isolarmos no outro o reconhecimento das semelhanças, num processo interno bitolado e neurótico, que retira do outro a sua condição humana. Como aponta o citado Psicanalista Erich Fromm em outro livro seu, *Anatomia da destrutividade humana*:

> Uma outra maneira de fazer do outro uma "não-pessoa" é cortar todos os vínculos afetivos com ele. Isso se dá, como estado de espírito permanente, em certos casos patológicos graves, mas pode ocorrer também em quem não esteja doente. Não faz qualquer diferença o fato de o objeto da agressão ser uma pessoa estranha ou um parente próximo ou um amigo; o que acontece é que o agressor isola emocionalmente a outra

pessoa e a "congela". O outro deixa de ser tomado como um ser humano e transforma-se numa "coisa que está ali". Nessas circunstâncias, não se apresentam inibições nem mesmo contra as formas mais intensas de destrutividade. Há adequadas comprovações clínicas para a afirmação de que a agressão destrutiva ocorre, pelo menos em alto grau, em conjunção com a ausência emocional momentânea ou crônica.

Toda vez que um outro ser não é tomado como um ser humano, o ato de destrutividade e crueldade assume uma qualidade diferente. [...][18]

O único caminho possível para uma melhoria desse quadro é através da educação.

Existem alguns meios normais da obtenção da educação, mas são sempre muito demorados, lentos e passam sempre por decisões políticas dos governos, importando em processos muito vagarosos de políticas públicas e, inevitavelmente, atravessam gerações, por vezes sem obtenção concreta dos fins buscados.

Temos também outras formas de atingir a cultura, advindo de um aspecto mais doloroso, através do próprio viver. A aplicação do dano moral é um item a inserir uma nova mentalidade ensejando o respeito ao próximo através do viés da vida, da própria dor, ao ter que desembolsar quantias em dinheiro para salvaguardar a humanidade perdida e violada do outro.

Como nos demonstra também o pensamento do Filósofo Chinês Confúcio:[19]

Há três métodos para ganhar sabedoria:
primeiro, por reflexão, que é o mais nobre;
segundo, por imitação, que é o mais fácil;
e terceiro, por experiência, que é o mais amargo.

---

[18] FROMM, Erich. *Anatomia da Destrutividade Humana*. Rio de Janeiro: Zahar Editores, 1979, p. 174, 175.
[19] Disponível em: http://www.infoescola.com.
Confúcio nasceu em 551 a.C. e morreu em 479 a.C. Ele é tido como um dos principais filósofos Chineses de todo o Oriente. Seus pensamentos, compilados nos *Analectos de Confúcio*, obra tão importante para os orientais quanto a Bíblia é para os ocidentais. O livro é um dos poucos registros confiáveis sobre os ensinamentos de Confúcio e é composto por diversos aforismos que o pensador chinês deixou como legados aos seus discípulos e admiradores.

Nesse aspecto, o dano moral quando devidamente aplicado haverá de resgatar essa noção esquecida de respeito, de aceitação e de tolerância ao próximo.

Um primeiro momento será o medo incutido numa condenação, a ideia real punitiva da perda econômica, da diminuição do patrimônio. Esse sentimento, a princípio negativo, vai incutindo no agente causador do dano a constatação e o receio de novas e maiores perdas patrimoniais a ponto de gerar uma nova concepção baseada inicialmente num instinto de preservação próprio. Essa ideia arraigada no agente molda a concepção de uma nova forma de agir. Lentamente, o exemplo gerado pela condenação, a reprimenda Estatal ao desvio de conduta aceitável na moralidade coletiva, vai incutindo a mudança de comportamento e um vai influenciando o outro.

Nós, humanos, vivemos encaixados uns aos outros, como num grande quebra-cabeças. A dor e a visão da condenação, das indenizações, criam e repercutem não só na coletividade, mas no âmago de cada ser. Essa transmissão do certo e errado vai assim ensinada "culturalmente" por um processo baseado na osmose[20] e age com a nossa irracionalidade, ou mesmo nosso primitivo instinto de preservação. Ao vermos a lição do outro, via sua perda, via o pagamento pecuniário, cria um exemplo social ao grupo. Por outro lado, o lesante, ao sentir sua perda econômica, modifica o seu agir, tomando zelo e cuidado com a alma e a vida do outro, gerando um círculo positivo de ação interna, cujo comportamento vai, dentro do grande quebra-cabeças humano, gerando significativas mudanças individuais que por sua vez geram a modificação do grupo.

A educação, de forma lenta, vai sendo fixada mais rapidamente na cultura local.

Nesse aspecto, o Judiciário tem através do dano moral uma poderosa participação na sociedade, sendo essa uma das maiores

---

[20] Disponível em: http://www.suapesquisa.com.
"Definição (o que é)
Osmose é um processo físico em que a água se movimenta entre dois meios com concentrações diferentes de soluto, separados por uma membrana semipermeável (permite somente a passagem das moléculas de água). Neste processo, a água passa de um meio hipotônico (menor concentração de soluto) para um hipertônico (maior concentração de soluto).
Na osmose, o processo se finaliza quando os dois meios ficam com a mesma concentração de soluto (isotônico).
Importância e função:
A osmose ocorre em vários sistemas da natureza. Nas células do corpo humano, a osmose é um processo de extrema importância.
A concentração de sais nas células, por exemplo, é controlada pelo sistema de osmose. Como não ocorre gasto de energia, a osmose é considerada um tipo de transporte passivo".

ferramentas do poder Estatal, dentro da tradicional repartição dos poderes, a auxiliar e resgatar a sociedade num caminho mais digno.

Os aplicadores do direito não devem deixar escapar essa preciosa ferramenta de modificação social, posta a serviço de um poder. A educação advinda da aplicação do dano moral é o melhor ensinamento cultural de respeito ao próximo criado até hoje.

É tão ampla a sua aplicação que podemos adentrar em todas as relações humanas, em todas as atividades em todas as manifestações de vida.

Sendo necessário, portanto, um despir dos preconceitos, um negar das interpretações logísticas, das fórmulas fáceis da repetição dos acórdãos e das decisões massificadas e rançosas.

Chega um momento em que é necessário sonhar com uma vida melhor, com um grupo mais elevado. Para tanto é necessário agir de forma a fazer girar a roda desse moinho, gerando esperanças e modificações da cruel realidade.

O rompimento com decisões banalizadoras que aprisionam a interpretação, que sufocam a possibilidade de uma nova visão, é fator decisivo ao crescimento social.

O respeito ao vizinho, de condomínio, de rua, de clube, de partido, a consideração ao ente amado, mesmo quando já não subsiste o amor de outrora, a atenção dos pais aos filhos, dos filhos aos pais, o respeito à concorrência alheia, aos direitos e aos deveres do consumidor, a seriedade na divulgação de produtos, dentro de um consumo que possa valorizar o "ser mais", e não "ter mais", uma relação digna entre planos de saúde e consumidores, uma maior seriedade nos contratos, uma relação de respeito mútuo entre empregados e empregadores, e mesmo também na orbe do direito público. São caminhos de reconhecimento da moral como meio a uma modificação no respeito ao próximo, ao outro, gerando o fator educacional tão necessário a essa esperada mudança social, ferramenta presente na aplicação do dano moral, direcionado ao Judiciário.

Mas a condenação necessita ter um valor expressivo, voltado muito mais ao agente causador do dano do que à vítima. Temos de tomar uma distância da ideia banalizada do "enriquecimento fácil", da "indústria do dano moral", numa faceta preconceituosa, distorcida da realidade e com aplicação diversa da própria razão do dano moral.

Ao contrário do entendimento atual da jurisprudência, quanto mais ações de dano moral, mesmo sobre fatos que parecem banalizados na vida moderna, melhor para a saúde social. Quanto maior o número de ações e mais expressivas as condenações, mais acertado se estará no caminho de uma modificação educativa do respeito ao próximo.

A mudança, como um todo, é sempre lenta e gradual, deve-se insistir no amargo remédio por longo período, seguir sentença após sentença, acórdão após acórdão e ir forjando dente por dente as ranhuras da catraca desse relógio. O tempo trará os resultados positivos, pois o receio a novas e mais pesadas condenações fará um renascer ao respeito outrora perdidos da condição humana, resgatando, inclusive, uma participação salutar do Estado nas relações privadas, salvaguardando uma melhora na saúde social.

Pois como nos aponta o psicanalista Erich Fromm no livro *Ter ou ser*:

> Mas hoje, decorridos perto de três séculos, precisamos de uma ciência inteiramente nova. Precisamos de uma Ciência Humanista do Homem como base para a Ciência Aplicada e Arte da Reconstrução Social.
>
> [...]
>
> Ninguém pode dizer se tal mudança de supremacia das ciências naturais para uma nova ciência social ocorrerá. Se isso acontecer, podemos ter ainda uma oportunidade de sobrevivência, mas isto dependerá de um fator: de quantos homens e mulheres sábios, disciplinados e cuidadosos sejam atraídos pelo novo desafio ao espírito humano, e pelo fato de que dessa vez a meta é não o controle da natureza, mas o controle da técnica e das forças sociais irracionais bem como das instituições que ameaçam a sobrevivência da sociedade ocidental, se não da espécie humana.
>
> Estou persuadido de que nosso futuro depende da mobilização dos melhores espíritos e sua dedicação à nova ciência humanista do homem, dada a consciência da crise atual. Porque nada, a não ser seu esforço conjunto, contribuirá para solucionar os problemas já mencionados aqui, e para atingir as metas a seguir examinadas.
>
> [...]
>
> Nas formas sociais que sejam a base do ser não surgirão sem muitos projetos, modelos, estudos e experimentos que comecem a sanar a distância entre o que é necessário e o que é possível. Isso, de fato, significa planejamento em larga escala e a longo prazo e propostas imediatas para os primeiros passos. O problema é a vontade e o espírito humanista daqueles que trabalhem nesses planejamentos; além disso, quando o povo perceber o quadro geral e simultaneamente reconhecer o que pode ser feito fase por fase de um modo concreto para atingi-lo, começará a sentir-se estimulado e entusiasmado em vez de temeroso.

Uma vez que as esferas política e econômica da sociedade devem ser subordinadas ao desenvolvimento humano, o modelo da nova sociedade deve ser determinado pelas exigências de um indivíduo não alienado e tendente a ser, e não a ter. Isso significa que os seres humanos nem viverão em indigência desumana – que é ainda o problema da maioria dos povos – nem serão obrigados – como o são no mundo industrial os abastados – a serem o *Homo consumens* pelas leis inerentes à produção capitalista, que demanda um aumento contínuo da produção e, portanto, obriga ao consumo crescente. Para que os homens venham um dia a ser livres e cessem de alimentar a indústria pelo consumo patológico, torna-se necessária uma radical mudança no sistema econômico: devemos acabar com a situação atual, onde uma economia saudável só é possível ao preço de seres humanos não-saudáveis. A tarefa é construir uma economia para gente saudável.[21]

Nesse aspecto se assinala a um caminho diverso da massificação e da sua perpetuação através de um sistema violador, com a ideia punitiva de todo aquele sujeito e ato que causa dor e sofrimento, formando o juízo da contracorrente.

4.1 Pode haver consolo da vítima?

Pode haver real consolo da vítima na aplicação do dano moral?

Em nosso entendimento, o caráter modificativo do comportamento humano violador, para fins educacionais, reside na maior finalidade da punição ao agente violador, como já exposto.

Mas a vítima, com uma condenação favorável, terá, através de uma remuneração extra, uma possibilidade real para reestruturar sua vida, para buscar, via a reparação, os seus elos emocionais frustrados e lesados.

É importante pontuar que a reparação pecuniária se aplicada de forma prudente, poderá reforçar essa ideia de melhora social como um todo.

Sendo o dano moral, lesões afetas à moralidade, ao emocional, à psique do ser, o investimento da condenação deve ser nesse caminho, em um tratamento psicológico ou psiquiátrico a ponto da superação do dano, do seu entendimento, podendo a vítima criar mecanismos

---

[21] FROMM, Erich. *Ter ou Ser?*. Rio de Janeiro: Zahar Editores, 1982, p. 171, 172, 173.

saudáveis de reação, avançando e evitando a repetição das dores em si própria ou num terceiro, sendo elo satisfatório no rompimento dessa corrente.

Esse sentimento alcançado por uma justiça concedida gera uma ideia acalentadora, reparadora, devolve ao ser uma paz interior necessária à busca de seu centro.

Apesar de termos deferentes concepções e níveis de desenvolvimento emocional nos seres humanos, com díspares maturidades intelectuais e sentimentais, caminhamos todos para uma evolução. Então, mesmo que uma condenação recebida por alguma vítima em precário entendimento intelectual, em quem perdure desejos consumistas, ainda assim, a condenação, sob um aspecto direto, lhe será benéfica sob o ponto saciativo. Lembrando sempre que a condenação deve visar ao agente causador do dano, como aspecto modificador socialmente. Mas a vítima poderá ou não dar vazão mais concreta ao investimento Estatal em sua lesão, indiferentemente do caminho seguido, a condenação sempre dará ao lesado um bálsamo, um ganho de exemplo social, e nessa questão o avanço é potencialmente significativo.

A maior sensação, atualmente, nas pessoas, é o sentimento de impunidade, de um avanço rançoso na perpetuação das injustiças. Gera no ser humano um sentimento negativo, de baixa perspectiva no futuro. Assim, o desrespeito com o consumidor, o mau exemplo de uma política pública voltada às minorias geram a clara sensação de não pertencer a um meio, de estar à margem do grupo, gera o isolamento, gera a marginalidade. As lesões por dano moral tem esse cunho, de forjar no ser humano uma marca silenciosa, destrutiva e duradoura.

A sistemática ignorância das grandes incorporações, grandes conglomerados econômicos, bancos, empresas de telefonia, planos de saúde, são um péssimo exemplo de busca de saúde social. Motivados que são por um incentivo Estatal no Brasil, através de precárias políticas públicas, criam uma mentalidade violadora dos direitos alheios. Temos as negativas sistemáticas dos planos de saúde ao tratamento das doenças mais variadas, temos as dificuldades intransponíveis das empresas de telefonia e televisão a cabo, dos suportes técnicos esvaziados de uma relação humana, alimentados que são por *call centers*, com repetidos e infernais protocolos de atendimento.

Esse ciclo do sistema criou uma cultura forjadora dos danos morais, gerando uma massa de seres humanos abarrotados e alimentados com essa ideia de violação. Nesse contexto, modificar uma cultura é trabalho hercúleo.

Entretanto, uma das perspectivas de cura social e reversão dessa mentalidade vem embasada no dano moral.

Justamente a condenação visa trazer um bálsamo, como já dito, ao lesado. Reconstruir sua alma, reverter a visão turva alimentada pela impunidade. Esse é um dos caminhos mais plausíveis a consolar as vítimas.

Mas a impunidade é uma macha constante em nosso país. O poder econômico pode muita coisa, modifica muitos julgados e reverte o destino que caberia aos lesantes.

Hoje, resta esse gosto amargo de impunidade, que se manifesta em pequenas coisas, como não respeitar um sinal vermelho, furar uma fila, sonegar um imposto, fazer uma ultrapassagem irregular, sentar no lugar reservado aos idosos, gestantes e deficientes. Tudo fica entupido de atitudes grotescas e repetitivas. Vai-se criando um fastio nas pessoas de bem, gerando um desconforto, como se isso fosse uma regra, vai-se formando um nó na garganta, uma dor no peito, uma depressão energética que desce goela abaixo, até atingir o descontrole e tudo caminha para um inevitável regurgito, em forma de alguma explosão por um fato trivial.

A corrupção generalizada, o desrespeito contínuo a essa cultura do dano transportam as pessoas numa situação-limite impulsionando em sentido contrário à humanização.

A condenação em dano moral seria um dos únicos meios para resgatar o lado humano, o lado bom nas pessoas. Seria uma forma plausível de ser realizada. Toda essa carga histórica e sistemática de um sistema doente sofre um revés quando alguém violado recebe a sua indenização. Isto alimenta a ideia, um tanto chavão, de que o crime não compensa, ou, em outras palavras, o dano não é vantajoso.

Mas essa ideia deve, aos poucos, ser sentida no interior de todos. O Judiciário tem essa ferramenta para aplicar e gerar uma nova mentalidade.

A jurisprudência tem deixado escapar excelentes oportunidades, os julgamentos nos tribunais continuam com uma ideia rançosa do dano moral. Ainda carregam a concepção, mesmo reconhecendo a ilicitude do agente e o dano na vítima, de fixar apenas os danos materiais, deslocando um afastamento reparatório na questão emocional e educacional, sem vislumbrar que essa atitude reforça o dano, alimenta a doença social e cria essa atmosfera viciante de condutas reiteradas das mesmas lesões.

A possibilidade de modificação desse reinante destruir da humanidade alheia é a chance do Judiciário, desperdiçada, infelizmente, em muitos processos.

A correta aplicação do dano moral, num reconhecimento das extensões do dano, de suas ramificações na psique do ser e da coletividade é a ferramenta certa para um restauro social.

Os danos, como já dito, podem ser auferidos em perícias realizadas por psicólogos, psiquiatras ou mesmo por atestados referentes a outras patologias relacionadas com distúrbios emocionais (depressão, ansiedade, medo, fobias, torções musculares, etc.). Porque aqueles sintomas apontados no reflexo do dano como fatos corriqueiros da vida, como um dia a dia das pessoas, na realidade espelham essa sociedade enferma, manipulada por grandes conglomerados econômicos que ditam como deve ser o comportamento de consumo e de vida da população. Portanto, não é um reflexo normal, mas uma indicação de anormalidade.

A condenação do lesante, principalmente grandes empresas e conglomerados, que fazem do dano uma forma de lucro, devem servir de exemplo social, de reparação, de bálsamo a essa enferma sociedade. Há possibilidade de se resgatar a dignidade e o respeito para com o outro.

Aquele ser humano lesado, recebendo uma indenização, tem a oportunidade de experimentar um curativo de alma, um aceno de dias melhores, uma esperança a projetar um futuro mais radioso.

Esse resgate da condição humana mais valorativa tem a possibilidade de ser atingido através da condenação em dano moral. A ideia errônea de que esses pequenos dissabores, essas pequenas violações não têm o condão da concessão do dano moral legaliza condutas reconhecidas ilegais, como se pequenas ofensas, feitas assim nos dissabores diários, não fossem suficientes a calcar na alma das pessoas uma ideia de desvalia, afastando aqueles que buscam o Judiciário da realização plena de uma real justiça restaurativa.

Nesse aspecto, a condenação em dano moral é necessária e urgente. Estamos atravessando uma perda significativa de valores humanos. Nunca uma sociedade esteve tão carente de exemplos e boas atitudes. O último esteio, que é o Judiciário, deve, sempre que presentes os requisitos legais, conceder o dano moral, pois essa ferramenta fará nascer uma mentalidade construtiva do valor depositado no outro. O cuidado nas relações humanas é fundamental para que se possa pensar um futuro possível e melhor.

A vítima no dano moral precisa ser indenizada, pois ela representa uma infinidade de outras pessoas, uma coletividade que não chegou ao Judiciário, mas cuja condenação ao lesante reforçará como modelo de um novo padrão de respeito, aceitação e cuidado com o outro. Como diz o ditado: a dor ensina a gemer. Essa realidade deve ser transmudada da minoria para a maioria. Somente no reconhecimento do dano moral à vítima é que se fará um resgate da humanidade, plantando um futuro melhor aos nossos filhos e netos, um mundo mais viável e pleno.

4.2 O tempo como modificador de atitudes negativas

A sociedade moderna adoeceu, sofre demais com perdas básicas de humanidade. A vida atual cresceu em tecnologia de forma assustadora, mas em vez de nos impulsionar a uma qualidade de vida, a uma felicidade mais plena, cavou sobre nossos pés um abismo isolador e frio.

A troca dos valores morais e do reconhecimento do outro como ser humano pleno e como um igual gerou um padrão de conduta baseado em premissas erradas, no "ter mais" e nos afastando do "ser mais".

Quando uma ação de dano moral bate à porta do Judiciário, por maiores e mais expressivas que sejam as demandas, nunca se conseguirá espelhar um décimo da realidade dos danos radicados na sociedade, principalmente em serviços e trabalhos que refletem a cultura voraz do exercício de "ter mais". Tudo acaba justificado por padrões cada vez mais mecanicistas, num aniquilamento das relações humanas entre as pessoas. Tudo estando a justificar a ânsia de ter, como se ao obtermos mais e mais, conseguiremos um padrão mais perfeito, digno e inevitável de nossa própria essência. Uma manipulação de valores cujo caminho é só de ida.

Ao nos afastarmos de nossa verdadeira essência, baseada no amor, no respeito e no reconhecimento do outro como um ser humano pleno, repleto de potencialidades no aguardo de um afloramento, acabamos construindo barreiras que nos afastam não só uns dos outros, como de nós mesmos, mas principalmente nos forçam a não enxergarmos no próximo a condição de um semelhante.

Quando o Judiciário nega a aplicação do dano moral, está afirmando à coletividade que a cultura de massa implantada em nossa sociedade está correta e alimenta o sistema doente, acreditando erroneamente fazer justiça, mas, em realidade, a única certeza é um caminho inverso à intenção. Resta um servir ao poder econômico, alimentando o sistema que nos remete a algo ou alguma coisa muito longe de nosso verdadeiro ser.

Perdemos, assim, inúmeras possibilidades de fazer funcionar essa extraordinária ferramenta do dano moral. Perdemos a possibilidade de resgatar valores humanos esquecidos, de ensejar no seio social uma nova mentalidade esquecida de irmandade e respeito, do reconhecimento do outro como um todo, como parte de um conjunto que compõe a nossa própria essência. Sem a completude do outro nada somos.

Se as decisões judiciais caminharem para o reconhecimento do dano moral, quando presentes os requisitos legais, será um caminho pleno à realização de uma contraordem a essa sociedade enferma, vai demonstrar e plantar a semente da esperança nas pessoas.

A interpretação banalizada de que meros dissabores não ensejam dano moral, de que o descumprimento contratual não enseja dano moral e de que as frustrações advindas da expectativa de um contrato frustrado também não ensejam dano moral e assim também como as angústias da separação, da perda do ente amado pela morte e mesmo a negativa de acesso à saúde, ao lazer (como cancelamento de voos, de hotéis, perda de bagagem, frustração de férias), a funcionalidade de produtos, a idoneidade nas propagandas e mesmo a ruptura dos laços afetivos de amor (pais/filhos, filhos/pais, nas relações familiares em geral), no direito de vizinhança (no respeito às relações sociais, ao outro), etc. Tudo cunha uma concretude oca da humanização. Cada decisão que acena no caminho da negativa de concessão do dano moral eleva a catastrófica realidade do "ter mais", afasta preciosos exemplos que poderiam ser aplicados ao grupo, no sentido da busca de um curso social, visando moldar em futuro próximo uma vida mais digna e mais humana, domando a bestialidade de nosso caráter.

Cada decisão posta a serviço do reconhecimento do dano moral ajuda a devolver a fé no processo de humanização.

Essa omissão que muitas vezes o Judiciário comete, negando a concessão do dano moral, reforça a crença no caminho da violação e perde, como já dito, a oportunidade de começar uma mudança na forma do agir das pessoas.

Cada grande empresa e mesmo o governo, com todas as suas ramificações, são sempre feitos, geridos e sustentados por pessoas, movidos, portanto, por emoções. A desconsideração do outro a ponto de gerar a lesão no seu emocional, no sua psique, deve sempre ser punida.

A busca do invisível, atrás da personalidade jurídica, não pode ocultar os seres humanos que regem o sistema violador. Assim, toda a violação tida como de massa (bancos, telefonia, televisão aberta ou a cabo, planos de saúde, de seguro, etc.) devem ter julgamentos com elevada pactuação monetária nas condenações. Esse é o melhor investimento num futuro próximo a salvaguardar a integralidade dos homens.

Um político, um líder, um diretor Presidente de uma empresa, que cometam danos morais a terceiros, devem ser punidos de forma exemplar. Essa conduta, tomada como padrão, vai incutir o receio de novas e significativas perdas, gerando um novo processar, um novo cálculo no sistema. De forma lenta, mas firme, o exemplo gerará os seus efeitos, retomando um patamar de respeito nas relações humanas.

Apenas o tempo e a tomada de decisões positivas no reconhecimento do dano moral podem alavancar uma sociedade mais humana e respeitadora.

Não há nenhum mérito ao julgador afastar o dano moral baseado no entendimento massificador de que o dano não restou demonstrado, que o descumprimento de contrato é um mero dissabor da vida moderna, pois isso cunha uma ideia errada de que o dano moral se pode provar de forma simples, como qualquer outra prova em direito, o que efetivamente não é um pensamento verdadeiro. É preciso verificar a total peculiaridade do dano moral, cuja principal característica é sua imaterialidade, sua onipresença na vítima. Ou mesmo dentro dessa cultura violadora com o aniquilamento das emoções do homem. Já apontamos que nem sempre o dano aparece na vítima, pode permanecer escondido irradiando suas vibrações na pessoa, através de várias formas, como depressão crônica, como um sentimento de desolação, uma dor muscular tensional, ou até mesmo uma gastrite, uma úlcera, um cefaleia ou enxaqueca emocionais duradoras, enfim, são reflexos da concretude dos efeitos da lesão, mas não têm uma ligação clara e objetiva com nexo de causalidade tão evidente, e, não raras vezes, sequer isso é pesquisado ou perquirido no processo, passa ao largo do julgador. Muitos desses sintomas, em vários casos, vão se manifestar muito tempo depois da lesão perpetuada.

Essa situação gera uma crise interna no homem, gera o vazio. Claro que esse vazio não é criado de forma isolada apenas na banalização das violações diárias, mas é muito reforçado por essas atitudes. A perda do caráter humano, do respeito ao próximo, gera pessoas destituídas da noção e do conceito do outro, gera e reforça a ideia centrada do indivíduo em seu próprio umbigo.

O papel do Judiciário é um dos últimos esteios estilizadores da figura do pai ou da mãe a impor a conduta correta às pessoas, a demonstrar o caminho a seguir. Passa pela noção do não, pelo limite e pela aplicação do direito, da norma, que em última análise retira do homem a possibilidade do gozo supremo, do tudo possível, da mentalidade infantil e enferma que criamos do isolamento destruidor do ego.[22]

É o que nos explica o médico psiquiatra e psicanalista belga Jean Perre Lebrun:

> Mas há sociedades humanas. E todas as sociedades humanas se organizam em torno de interdições, de proibições fundamentais. A proibição antropofágica, a proibição do assassinato, a proibição do incesto. Essas proibições fundamentais, somente as encontramos nas sociedades humanas organizadas tais como são. Ou seja, também aí, ao nível da sociedade humana por excelência – que não é a mesma coisa que um formigueiro, que não é a mesma coisa que um rebanho – há uma perda de gozo que é exigida, que é quase prescrita. Pois a proibição equivale a uma perda do gozo na qual devemos consentir.[23]

A grande dificuldade do limite do gozo profundo, do tudo possível, nos afastou do reconhecimento da existência do outro. Na verdade, criamos uma barreira de um convívio narcisista uns com os outros, nessa situação o não ser fica evidente no outro, que é visto como um não semelhante, como um objeto qualquer para a complementação do ego carencial.

---

[22] Disponível em: www.significados.com.br/ego/.
"Ego, a partir da interpretação filosófica, significa o "eu de cada um", ou seja, o que caracteriza a personalidade de cada indivíduo.
O conceito de ego é bastante utilizado em estudos relacionados a psicanálise e filosofia. De acordo com a teoria psicanalítica, o ego faz parte da tríade do modelo psíquico, formado pelo ego, superego e Id.
O ego é considerado o "defensor da personalidade", pois é responsável por impedir que os conteúdos inconscientes passem para o campo da consciência, acionando assim os seus mecanismos de defesa.
Uma das principais funções do ego é harmonizar os desejos do Id com a realidade do superego. Assim, o ego suprime as vontades inconscientes do ID com "medo" dos castigos que lhe serem direcionados.
O ego é responsável pela diferenciação que o indivíduo é capaz de realizar, entre seus próprios processos interiores e a realidade que se lhe apresenta".
[23] LERUN, Jean Pierre. Fronteiras do pensamento 2008 retratos de um mundo complexo: subjetividade e laço social. Editora Unissinos. 2008, p. 146

Dentro desse contexto, a violação fica banalizada e tem trânsito fácil, sendo difícil sua percepção até mesmo ao julgador, que se presume tenha tido treinamento ou prática suficiente para identificar certas lesões silenciosas. Visto que essa função é mesmo singular à figura do Juiz ou do colegiado na prática do Judiciário de cada dia. É a função do limite que o pai impõe ao filho, é o não necessário na construção de uma cidadania. Como segue nos apontando o psicanalista belga Jean Pierre Lebrum no início de sua palestra no precioso Ciclo "Fronteiras do Pensamento":

> Tentarei dizer algumas palavras sobre a mutação do vínculo social que enfrentamos hoje e para o qual somos literalmente arrastados. Temos visto, de uns vinte anos pra cá, na Europa e talvez também aqui, na França e na Bélgica, de onde venho, um sintoma que não costumava ser levado à consulta dos psicólogos, a saber: uma série de pais que têm dificuldade de dizer não a seus filhos.[24]

Esse sintoma do desvirtuamento do limite impõe um caos hierárquico no sentido da perda de um limite e do respeito ao próximo, da dificuldade de reconhecer o outro e, assim, na busca da satisfação imediata do poder econômico, movido pelo lado obscuro do capital. As violações vão se perpetuando no seio dessa sociedade, carente do respeito e das hierarquias, tão necessárias na construção das relações humanas. Nesse descampado, ficam certos e perpetuados os danos morais, pior ainda, ficam sendo vistos como naturais.

> De maneira mais simples – eu diria também: mais pertinente e mais penetrante –, as consequências dessa mutação no terceiro nível, no nível da sociedade concreta, onde a necessidade da perda não é mais reconhecida como natural, têm um efeito extremamente importante, porque isso deslegitima todos os que têm a tarefa de prescrever a necessidade da subtração do gozo para poder crescer. Para haver crescimento na mente de uma criança. Isso deslegitima o pai, que então se pergunta por que deve dizer não. Deslegitima o professor, que se sente mal, às vezes, quando deve avaliar negativamente o trabalho de um aluno, por exemplo. Deslegitima o político. Porque o político, no fundo, também não faz outra coisa senão precisar dizer não. Em todo caso, dizer não a muita gente, para poder dizer o sim a alguns. Deslegitima

---

[24] *Ibidem*, p. 145.

todos aqueles que têm em seus cargos, que tinham em seus cargos a necessidade de assumir, de assumir algo impossível de se inteiramente justo, de curar inteiramente, de educar adequadamente, mas que mesmo assim assumiam a dificuldade de poder dizer não, de poder dizer não para que o sim se realizasse. E, elemento suplementar, mas não o menor: essa deslegitimação dos pais... isso explica o que eu dizia havia pouco, isto é, que há uns vinte anos vemos emergir a dificuldade, para uma série de pais, de dizer não a seus filhos...pelo menos é assim que entendo; essa crise de legitimidade tem um efeito sobre o sujeito, sobre a própria criança, por meio da educação.[25]

Nesse aspecto, a vítima necessita de um conhecimento próprio, no sentido de conseguir aplicar sua indenização não só para minorar sua dor, mas para buscar um real tratamento da lesão. Isso despende um investimento em profissional da saúde mental. Num futuro próximo, seria prudente buscar mecanismos de apoio e tratamento à vítima do dano moral, mas isso vai implicar uma modificação da forma de ver o dano na sociedade, passará por longos e penosos anos de investimento em educação e saúde, para que se possa atingir um patamar como esse.

Como bem ilustra a questão o escritor Paulo Coelho:

O bambu chinês:
Depois de plantada a semente do bambu chinês, não se vê nada por aproximadamente 5 anos – exceto um diminuto broto. Todo o crescimento é subterrâneo; uma complexa estrutura de raiz, que se estende vertical e horizontalmente pela terra, está sendo construída. Então, ao final do 5º ano, o bambu chinês cresce até atingir a altura de 25 metros.

Muitas coisas na vida pessoal e profissional são iguais ao bambu chinês. Você trabalha, investe tempo, esforço, faz tudo o que pode para nutrir seu crescimento e, às vezes, não vê nada por semanas, meses ou anos. Mas, se tiver paciência para continuar trabalhando, persistindo e nutrindo, o seu 5º ano chegará; com ele virão mudanças que você jamais esperava.

Lembre-se que é preciso muita ousadia para chegar às alturas e, ao mesmo tempo, muita profundidade para agarrar-se ao chão.[26]

---

[25] *Ibidem*, p. 149.
[26] COELHO, Paulo. O bambu chinês. Disponível em: www.pensador.com.br.

Ao lesante restará com a sua condenação um repensar de sua atitude, de uma forma forte, encurtando caminhos, via exemplo ao grupo, da resposta social à lesão por dano moral. Se estreita o trajeto, forjando nas condenações judiciais uma nova mentalidade de respeito ao próximo, culminando numa expectativa de direito na outra pessoa, cuja válvula propulsora serão as condenações pretéritas.

4.3 Existe indústria do dano moral?

Esse termo tantas vezes aplicado pelos operadores do direito e pelos julgadores gera um enorme preconceito.

Se considerarmos a cultura de nosso país, com reincidentes e sistemáticas violações por danos morais e materiais, o número de causas efetivas que chegam ao Judiciário não representa sequer 10% das vítimas (ainda que não tenhamos uma estatística confiável no Judiciário que possa aferir essa medida em dados reais). Entretanto, como já dito, o dano fica introjetado nas pessoas, se cria a mentalidade da dor, se molda uma forma de viver com a violação, como se esta fizesse parte da própria vida.

Nesse aspecto, falar em indústria do dano moral como um ganho fácil de dinheiro é de uma estreiteza melancólica.

A indústria passa muito longe das ações por danos morais, em verdade, a indústria reside na quantidade assustadora das violações à moral alheia. O número diário só aumenta nas violações, tornando a sociedade refém de uma pequena máfia dominadora, é o rebanho pastorado pelo lobo.

A indústria trabalha sim, mas em sentido oposto à concessão, no sentido oposto ao respeito e à dignidade do ser humano.

O que deveria ser visto como positivo e ser incentivado, a procura do Judiciário na busca da reparação, acaba distorcido, e temos decisões baseadas na negativa da concessão do dano moral incutindo tarjas de culpa na conduta justamente da vítima, pontuando negativamente a busca do Judiciário, enquanto deveria ser enaltecida, incentivada, protegida e acalentada.

Apontamos, na realidade, que menos de 10% das lesões chegam ao Judiciário. Não temos ainda um estudo e estatística sobre essa questão pontuados no Brasil, mas nossa experiência na área da advocacia pode demonstrar com facilidade que apenas nas relações de consumo, nós brasileiros, estamos apenas engatinhando em termos de legislação consumerista e sua real aplicação.

Todos sabem que a legislação posta no papel não tem o condão de mudar atitudes. Ademais, uma sociedade forjada na mentalidade lesionista, a exceção é o respeito, a regra, a violação. Quando os parâmetros estão invertidos, quando os próprios julgadores são moldados nessa concepção sufocante, seria supor demais imaginar uma consciência reparadora na jurisprudência. Temos exceções, e isso acalenta a alma da gente, mas a base do pensamento ainda vem alicerçada numa ideia preconceituosa, retrógrada e medieval, como um rançoso machismo de nossa sociedade.

A não concessão do dano moral baseado na falta de seus requisitos legais, como já apontamos, são premissas balizadoras para uma aferição da existência do dano moral. Mas quando, em justificativa para a não concessão ocorrer o desmerecimento da vítima, com aponte de um julgamento "moral" do lesado, dando ênfase à ideia de que a busca do Judiciário é amoral, quando se cria essa mentalidade em um Poder Estatal, o caminho se torna em sentido contrário, se tenta apagar o fogo com álcool. A vítima e, na retaguarda, a sociedade recebem aviso às avessas: não procure o Judiciário, porque se o fizer, você é um mau caráter.

Essa decisão moral, que rebaixa a iniciativa do cidadão de buscar um socorro no Judiciário com palavras como indústria do dano moral, como uma forma de ganhar dinheiro fácil ou, ainda, a banalização do Judiciário em questões de pequenas ofensas ou mesmo dimensionamento exagerado às incomodações do dia a dia, cria essa ideia de pequenez do dano, gerando uma sensação de culpa justamente em quem figura como vítima, espraiando a ideia de conivência a essa mesma sociedade doente, explorada por uma minoria em detrimento da condição humana da maioria: pobre, discriminada e longe de uma composição elitista do dano.

Algumas decisões têm julgamento de cunho moral, de opinião já formada sobre o dano moral, a negativa, e sua concessão não vem baseada em um julgamento técnico, mas sim numa premissa para menosprezar e diminuir a essência do dano moral. Ridiculariza-se, minimizando as razões sociais do pedido, forjando e alimentando a cultura da dor e do dano, reforçando justamente a parte doente da sociedade.

Observemos os julgamentos a seguir proferidos pelo Tribunal de Justiça do Estado do Rio Grande do Sul:

Ementa: RECURSO INOMINADO. OBRIGACIONAL E RESPONSABILIDADE CIVIL. CONSUMIDOR. AÇÃO DE RESTITUIÇÃO DE VALORES CUMULADA COM INDENIZAÇÃO POR DANOS MORAIS. COMPRA DE PACOTE TURÍSTICO. AUTOR QUE REQUEREU A REDUÇÃO DOS DIAS DE VIAGEM. DEMORA PARA O REEMBOLSO DA DIFERENÇA DAS DIÁRIAS. DESCUMPRIMENTO CONTRATUAL. DANOS MORAIS NÃO CONFIGURADOS. AUSÊNCIA DE ABALO AOS ATRIBUTOS DA PERSONALIDADE DO AUTOR. SENTENÇA MANTIDA PELOS PRÓPRIOS FUNDAMENTOS. RECURSO IMPROVIDO. 1. Narra ou autor que adquiriu um pacote turístico referente a 10 dias de hospedagem pelo valor de R$ 2.175, 00. Todavia, 15 dias antes da viagem dirigiu-se à empresa demandada para diminuir o tempo da viagem para 05 dias, ficando do dia 22.09.2016 à 26.09.2016. Aduz que ao voltar da viagem, postulou a devolução da diferença das diárias, no valor de R$ 1.295,00, sendo solicitado pela demandada 30 dias para que o mesmo fosse desembolsado. Pugnou pela restituição do valor apontado, bem como indenização a títulos de danos morais. 2. Sentença que julgou parcialmente procedente a ação, a fim de condenar à ré a pagar ao autor a quantia de R$ 1.295,00. 3. Compulsando os autos, verifica-se que a demandada efetuou o reembolso do valor referente à diferença das diárias, em 08.08.2017, consoante fl. 40. Todavia, tal restituição fora efetuado com atraso, tendo em conta que o autor postulou a devolução logo que voltou de viagem (26.09.2016) e lhe informaram que efetuariam a restituição em outubro ou novembro de 2016. 4. Com efeito, o autor não demonstrou eventual abalo moral sofrido, a fim de comprovar fato constitutivo de seu direito, ônus que lhe incumbia, nos termos do art. 373, I, do CPC. 5. No que atine aos danos morais, entende-se que não restaram caracterizados, já que a parte autora não comprovou que tivesse tido abalo em algum dos atributos da sua personalidade, em função da situação vivenciada, tratando-se de mero aborrecimento, o que não é capaz de gerar dano moral indenizável, salvo em situações excepcionais. 6. Os fatos revelaram que houve transtornos inerentes à vida em sociedade, caracterizados, como tais, como dissabores da vida moderna. 7. Ademais, não há como haver condenação em danos morais com pura finalidade punitiva, isso porque os danos morais têm cunho compensatório, não havendo lei que ampare punição patrimonial por danos morais. 8. Destarte, a sentença atacada merece ser confirmada por seus próprios fundamentos, nos termos do art. 46, da Lei nº 9.099/95. Precedente: (Recurso Cível nº 71007175920, Terceira Turma Recursal Cível, Turmas Recursais, Relator: Fabio Vieira Heerdt, Julgado em 28.06.2018). RECURSO IMPROVIDO. (Recurso Cível nº 71007306707, Terceira Turma Recursal Cível, Turmas Recursais, Relator: Fabio Vieira Heerdt, Julgado em 19.07.2018)

Ementa: RESPONSABILIDADE CIVIL. PAGAMENTO POR MEIO DE CHEQUE. ACEITAÇÃO. FACULDADE DO CREDOR. DANO MORAL NÃO CONFIGURADO. A violação do direito da personalidade motiva a reparação do dano moral. O sofrimento imposto à vítima deve possuir certa magnitude ou dimensão. Do contrário, constitui mero aborrecimento da vida diária, que não é apto a gerar obrigação de indenizar. No caso, a simples recusa do requerido do cheque do autor não configura dano moral indenizável. Sentença mantida. Apelação não provida. (Apelação Cível nº 70077756450, Décima Câmara Cível, Tribunal de Justiça do RS, Relator: Marcelo Cezar Muller, Julgado em 28.06.2018)

Ementa: Apelação. Plano de Saúde. Cancelamento do Plano de Saúde. Dano moral não configurado. No caso concreto, não desconsidero o desconforto e o dissabor experimentado pela parte autora frente ao acontecido. Todavia, a conduta da demandada não chegou a caracterizar abalo moral propriamente dito. Destaca-se, por derradeiro, que eventuais dissabores pessoais não podem ser enquadrados na esfera do dano moral, pois, além de fazer parte da normalidade do cotidiano, tais situações não são intensas e duradouras a ponto de romper o equilíbrio psicológico do indivíduo, razão pela qual há de se concluir pela ausência dos alegados danos morais. Importante salientar que, em se admitindo o contrário, estar-se-ia fomentando a "indústria do dano moral", proporcionando-se o enriquecimento sem causa das pretensas vítimas, o que se revela inadmissível. À unanimidade negaram provimento ao apelo. (Apelação Cível nº 70073368599, Sexta Câmara Cível, Tribunal de Justiça do RS, Relator: Luís Augusto Coelho Braga, Julgado em 28.09.2017)

O estranho nas pontuações de várias decisões alardeando para a "indústria do dano moral" é que nos remete à ideia quase concreta, quase consciente, de que as pessoas são tratadas como consumo, suas pretensões de direito também são vistas como consumo, suas lesões são consumistas, e a existência vai ficando reduzida a uma perspectiva de consumo.

Nesse patamar raso, a condição humana, suas manifestações e perspectivas vão sendo moldadas por essa ideia reducionista do homem na medida do ter, e não do ser.

Como nos explica o professor Matêus Ramos[27] no artigo "Sobre a doença de existir" :

---

[27] Matêus Ramos Cardoso é Especialista em ética pelo Finon (Faculdade do Noroeste de Minas). Especialista em Ciências da Religião pela Universidade Cândido Mendes, RJ. Professor na Escola E.E.M. Macário Borba. Sombrio – SC

Assim, a maneira como vivemos define-se pela forma como consumimos, levando a reconstrução das relações humanas a partir do padrão e semelhança das relações entre os consumidores e os objetos de consumo. É a transformação dos consumidores em mercadorias.

Outra característica é que somos diariamente bombardeados por estratégias de marketing agressivas somadas à facilidade de crédito. Não seria arriscado dizer que "comprar é fácil, difícil é existir!". Ocorre que, em uma sociedade consumista, paga-se um alto preço: ninguém pode se tornar sujeito sem primeiro "ser" mercadoria. Logo, o ser humano contemporâneo é transformado em *homo consumens*; mergulhado em um mar de mercadorias e ofertas, acaba por se misturar a elas.[28]

Dessa forma, reduzir a demanda e legitimidade dos poucos que batem às portas do Judiciário com uma ideia de estorvo, de indústria e de simplificação do dano moral a toda e qualquer lesão, incutindo um julgamento de valor, é retirar a legitimidade e a coragem dos que procuram publicitar a máquina de fazer lesões, vai obscurecendo exatamente aquilo que deveria ser iluminado.

Geramos dentro da máquina estatal, dentro do Poder Judiciário, a ideia de que a demanda por dano moral tem um cunho de indústria, enquanto é exatamente o inverso, a nossa sociedade transforma o homem em algo a ser consumido e somos vorazmente digeridos por ávidas estratégias de *marketing*, de vendas e de produtos.

Abordar o dano moral como indústria só vai alimentar e regar essa doença social, semeando o vazio. Como li certa vez em um encontro de arte internacional realizado em Porto Alegre onde um grupo estampava em sua camisa: "no sembrar nada y dar vida a la muerte". Sugestivamente distribuíam sementes de árvores.

A vida moderna submete o homem a essa ideia reducionista, a um produto, a um consumo, a algo fora de si mesmo.

Quando operamos um entendimento preconceituoso sobre o dano moral, punindo justamente quem teve a coragem e a lucidez de buscar uma reparação, dando uma contracorrente à massa estabelecida, maculamos com uma premiação a sociedade doente, enaltecendo os causadores dos danos.

---

[28] CARDOSO, Matêus Ramos. Sobre a doença de existir. *Revista Filosofia Ciência & Vida*, Editora Araguaia, São Paulo, Ano VII, Edição 95, p. 55 a 63, jun. 2014.

A solução não se encontra nessa ideia do preconceito ao dano moral, não será negando sua existência e validade que ele deixará de existir. Com isso comprometemos a busca por uma felicidade baseada no respeito mútuo, no amor e na construção de uma paz social efetivamente possível, ainda que difícil de realizar.

> Logo, a noção de felicidade é gestada no útero de uma sociedade consumista, que gera seres iludidos com promessas do mercado, que geralmente levam a decepções. O esforço de consumo permanece como uma utopia para alcançar o idealizado. A responsabilidade pela tentativa do tal "êxito" recai somente sobre o indivíduo, muito embora o estilo de mercado seja esmagador e mitigado com suas propagandas. O mercado cria as condições, mas não se responsabiliza pelas consequências, com se o sujeito fosse autônomo em suas escolhas, quando é vorazmente influenciado para a compra. Ao adquirir um objeto de desejo, não se alcança a felicidade, e a frustração recai sobre o indivíduo.[29]

Ao permitirmos a manipulação da vida pela brutalidade da massificação, fazemos uma sublimação da dor, do isolamento, da retórica comum do dano. Ao reconhecermos, em sucessivos julgamentos, a distância entre a lesão e o dano, ao negarmos a profundidade do sofrimento diário incutido a cada um de nós, na brutalidade da massificação do homem, tornamos normal e cotidiano a lesão a ponto de inverter a realidade das coisas e chamar de criminosa a própria vítima. Ao invés de acudir, batemos, numa destruidora forma prepotente da alienação.

---

[29] *Ibidem.* Fl. 57.

CAPÍTULO 5

CONCLUSÕES

5.1 Perspectiva de melhoras num futuro próximo

A aposta num futuro melhor, numa vida mais digna e que preserve os laços de crescimento e respeito, passa pela nossa capacidade de entender o mundo atual.

Cada vez mais as pessoas andam numa forma disforme, globalizadora, sufocante e com permanente alienação da individualidade. Vivemos numa massa presumível, manipulável e controlada.

O homem perde sua essência, perde sua história, perde seu objetivo. A construção do ser em sua magnitude fica transformada numa argila inconsistente que a tudo consome.

Numa situação de perda da individualidade, somos programados para exercermos diversos papéis, para sermos aquilo que não almejamos, para produzirmos e consumirmos aquilo que não necessitamos. Somos lançados para longe, cada vez mais, de nossa essência, de nosso âmago.

Num terreno fértil das desilusões, semeamos almas zumbis que vagam no espaço terreno guiados por sonhos que não são nossos, por objetivos que não refletem o nosso ser. Somos os bonecos desse teatro horroroso, com máscaras a nos sufocar a realidade interior, a fingir ser aquilo que não somos.

O dano moral talvez seja a única ferramenta de reconhecimento da nossa individualidade, da nossa alma, da nossa dor. Esse reconhecimento devolve a porção de humanidade perdida, retorna a um estado possível de respeito às individualidades e ao convívio harmônico entre as pessoas.

A ideia da massificação do homem, da sua transformação sufocante em grupo, em consumo algo longe de si mesmo, é uma realidade social. Vemos brotar uma busca narcisista daquilo que esse grupo espera de nós, usamos as mesmas roupas, os mesmos gestos, a mesma fala, cabelo, óculos, brincos, postura. Somos o todo e somos o nada.

Precisamos pertencer a algo, a alguém, somos diariamente consumidos e consumidores. Vivemos uma antropofagia cultural.

Nosso conhecimento, nosso estudo, nosso trabalho são voltados a um padrão com a ideia plantada do ideal projetado, da meta, do algo a vir, do futuro estabilizante, do mais, do além tempo, do vir a ser, tudo projetado ao futuro, ao longe, ao deslocamento do agora, do ser, do presente.

Essa massificação do homem retira sua capacidade de pensar, de existir. Terreno fácil para arraigar uma cultura violadora, quando a alma cede espaço à devastação, o dano floresce no seio social como algo quase decorrente, quase natural, quase uma rotina alimentando mais e mais a sombra da própria vida.

> Outro fator emulsionante é a mídia, que, por meio do bombardeamento de propagandas, incentiva a sobrevivência do "eu", potencializando os sonhos narcisistas, sendo eles, os sonhos de fama, sonhos de glória, voltando cada vez mais o olhar para o alto, para as estrelas, para um mundo que livre da maldição da contingência, fugindo sempre mais da realidade. É como se todas as pessoas tomassem por pensamento que a felicidade é um estado contínuo e um direito que, ao nascer, todos nós ganhamos, sendo que ela é instável e está para ser conquistada em meio um mundo caracterizado pela mudança, pela instabilidade e por sua multiplicidade de expressões.[30]

Essa impotência alocada ao homem acaba gerando pessoas moldadas na dor, destituídas de uma capacidade racional para entender o processo como violador de direitos básicos, subtraindo a humanidade em cada um de nós. Dessa mesma maneira são criados, formados e conduzidos nossos julgadores, havendo uma radiação da cultura contra o dano moral.

Quando a notícia de um dano moral chega ao Judiciário deve ser acalentada, sopesada com cuidados, com atenção, a fim de se evitar que julgamentos "morais" sobre o dano moral poluam a clareza do alcance e da visão dos julgadores. Os homens que aplicam a lei devem cuidar

---
[30] *Ibidem*. Fl. 59.

suas ideias a fim de evitar a massificação do pensamento, a corrente violadora da perda da humanidade e da banalização do reconhecimento dos danos.

Apenas em decisões seguras, que tenham a coragem de avançar contra as concepções formadas num narcisismo bitolante, podem devolver a esperança a todos nós.

Nessa atmosfera densa, praticar o dano a outrem é quase uma rotina. Retirar do outro a condição humana, a condição do respeito às individualidades e a separação de um conceito de rebanho é trabalho que os julgamentos devem primar.

A atenção dos julgadores deve ser no sentido da percepção do dano, deve estar focada na restauração da harmonia social. Aqueles poucos casos, como já dito, que efetivamente chegam ao Judiciário devem e precisam ser decididos com condenações grandes, com montas significativas.

A mentalidade da perpetuação do dano, sua banalidade, deve ser desconstruída a partir de sistemáticos julgamentos com condenações fortes o bastante para fazer o lesante refletir em sua conduta, encaminhando através do exemplo e da comunicação no grupo sobre a nocividade da conduta, salientando o poder curativo e de modificação social das atitudes positivas.

Essa manobra expele um reflexo positivo ao futuro, imprime um novo agir, de decisão em decisão, uma atrás da outra vai incutindo o temor, o receio, vai incutindo um novo aprendizado, uma nova maneira de conduta com o ser humano, com o outro, vai aos poucos removendo um ranço cultural, vai incutindo uma humanização nas relações, uma desvalorização das atitudes danosas.

Cada nova decisão vai moldando uma nova perspectiva ao futuro, resgatando a humanidade, numa contracorrente à massificação do homem, num resgate da plenitude da vida.

Devemos usar a mesma cultura, essa da massificação do homem, a seu favor. Se os danos são corriqueiros nessa sociedade embrutecida nas relações de consumo, de respeito ao outro e de respeito às individualidades, quando há condenações pesadas e valorativas em dano moral, temos um receio real nos lesantes a modificar num futuro próximo sua conduta.

Pesquisas demonstram que os animais como pombos, ratos ou mesmo micro-organismos são capazes de assimilar uma nova conduta de comportamento do grupo. Quando por agentes externos sofrem perdas (comida e condições de crescimento), dentro desse mesmo grupo há comunicações entre os pares, fazendo uma nova adequação aos fatos, criando uma nova conduta no grupo. É o exemplo natural de perpetuação das espécies.

Logo, condutas reiteradamente punidas como um mau exemplo tendem a perder força no futuro, gerando no grupo uma nova forma de relação, agora sobre um prisma de resgate da humanidade perdida.

5.2 A fé na jurisprudência e o exemplo social

A judicialização das relações humanas tem sido duramente atacada por grandes pensadores do mundo contemporâneo. Quando a incapacidade do diálogo e do respeito extrapola a órbita pessoal, se busca uma solução ao conflito nos braços de um poder Estatal, o Judiciário.

São inúmeras demandas das diversas formas na relação humana, inclusive sobre as coisas materiais.

A crítica maior seria essa incapacidade das pessoas em solucionar seus conflitos sem necessitar da busca do Estado. Mas justamente a infantilidade das relações humanas, baseada num desenvolvimento incompleto das potencialidades natas no homem, acaba formando esse terreno fértil para o dano e essa dificuldade de entendimento, fazendo buscar no Estado, no Juiz, na figura do pai moderador e autoritário, alguma vez existente ou lacunoso na vida infantil, a solução para o problema.

Aceitar passivamente as imposições feitas por terceiro ou reagir a elas com raiva, rompimento ou mesmo alienação são a mesma forma de permanecer atrelado a esse terceiro.

O Estado, no exercício do Poder Judiciário, ao conceder a Jurisprudência, deve se ater a esse papel singular depositado na Justiça, nessa substituição da reparação da figura paterna. Falo paterna, mas tanto importa pai ou mãe, mas algo que esteja além de nós, algo maior e capaz de suplantar nosso sofrimento ou mesmo justificá-lo, superando a concepção infantil de relacionamento.

A judicialização das relações humanas é saudável, é uma forma de crescimento. Não devemos abordar a questão como prejudicial ou mesmo como estorvo ou má-fé. Ter a busca no Judiciário por questões irrisórias não demonstra uma má intenção, mas reflete apenas uma manifestação da nossa incapacidade, momentânea, de trabalhar nosso ego e nossas relações em todas as esferas.

O mundo ideal não existe, parece simples e lógica essa colocação, mas é importante se ater a ela. As ideologias e formas de ver e viver a vida são diferentes, nesse angulo, a judicialização das relações humanas são positivas e fazem parte de nosso amadurecimento.

A concepção do processo como meio da busca da verdade, baseado nos Princípios do Devido Processo Legal, do Contraditório e da ampla Defesa, são conquistas do exercício da liberdade e das garantias individuais.

O meio escolhido é externo a nós, é um aglomerado de teses, um grito, uma súplica inicial, rebatida pela defesa. Será sempre uma manifestação humana, um construir de novas possibilidades.

O processo e mesmo o exercício da judicialização das demandas passam sempre por uma culturalização e um amadurecimento das pessoas.

Nesse aspecto, entrar com uma demanda judicial já será fato singular, exceção num universo conformista, pacato e destituído de uma crítica mínima da realidade imposta. Justamente essas castas manifestações da busca pelo Judiciário, que temos a grande possibilidade de darmos um significado ao poder do Estado. Ajudando e acolhendo as demandas como legítimas, temporárias e válidas dentro de um contexto focado no crescimento, na maturidade e na superação da conduta narcisista da realidade mundial e brasileira.

O reconhecimento da validade, singularidade e existência do dano moral constitui uma grande ferramenta posta ao alcance dos magistrados(as) de nosso país.

A busca por uma reparação de distorcidos parâmetros sociais é a válvula propulsora para engatar uma mudança na mentalidade reinante, criando horizontes com mais luz. Essa ferramenta se encontra à disposição do Judiciário, através da aplicação do dano moral.

As demandas judiciais por dano moral, que escassamente chegam ao Judiciário, representam uma pequena abordagem da extensão e perpetuação dos danos ao sentimento e afetividade na nossa sociedade. Lesar o outro, como já dito, é tarefa corriqueira e às vezes até rentável.

As enormes lacunas e impunidade aos causadores do dano moral são tão grandes, que a violação pode ser mesmo lucrativa. Quando temos essa inversão de valores, quando temos essa constatação da realidade, temos perda de humanidade, temos perda de dignidade.

Nesse aspecto a atuação dos Juízes(as) é fundamental, refazendo o cotidiano de sua comunidade, como se estivessem fazendo um curativo em chaga dolorosa.

A concepção de que os danos morais são danos menores, que necessitam de uma demonstração de sua existência de forma material, que meros dissabores diários não ensejam sua concessão, deixamos passar a glória e primazia para focarmos numa modificação social num retorno ao respeito e à humanização perdida.

Cada julgador carrega a base da modificação dessa mentalidade reinante. Cada sentença, acórdão e decisão que venham no sentido de reconhecimento e concessão do dano moral, com valores cada vez mais significativos, contribuirão para a inversão dessa mentalidade enraizada, colocando bálsamo a um futuro próximo, regando a esperança de vida melhor.

A expectativa resta depositada nas decisões judiciais, cuja ferramenta do dano moral deve ser aplicada com veemência.

A formação de nossos Juízes ainda passa por uma elitização, cuja aprovação em concursos públicos ou mesmo à indicação e seleção aos cargos nos Tribunais, através do quinto constitucional. Essa mesma elitização que acaba por sufocar demandas de reconhecimento do dano moral afasta a legitimidade dos casos que chegam em minoria ao Judiciário, baseados numa premissa estreita que não consegue abranger a totalidade e complexidade do reconhecimento do dano moral e do poder curativo de sua concessão.

Os danos oriundos de uma lesão coletiva, como agentes públicos e privados em conluio ou mesmo isolados, causando danos ao erário, como nos casos recentes no Brasil, ensejam a questão do dano moral, pois resta a sociedade um desastroso exemplo de amoralidade, havendo influência negativa na motivação de cada pessoa, na sua psique e sobre a coletividade como exemplo social.

A aplicação do dano moral diz respeito a essa possibilidade de cada julgador entender a profunda, silenciosa e corrosiva lesão e sua tipicidade manifestada em atitudes, em desânimo, em perda da fé na humanidade, num desgaste como ferrugem em toda a engrenagem social.

Os grandes conglomerados, os bancos, as empresas de telefonia, as empresas de aviação e todas as demais explorações comerciais têm forte cunho dominatório sobre essa formação de opinião da elite desse país. Com isso, moldam a concepção dos julgadores, afunilando o perfil dos que ingressam e, após, trabalham com a dinâmica da cumplicidade junto ao Judiciário, através de incentivos, concessão e outros assédios, gerando uma cumplicidade retrógrada, forjando decisões que acabam por acalentar os fatos das constantes lesões como algo corriqueiro e como algo da própria vida, enquanto efetivamente é o inverso. A vida não é feita de violações, ela deve ser feita pelo respeito e pela dignificação do homem em qualquer esfera e prisma que se olhe.

A fé resta direcionada às decisões do Judiciário para uma mudança social, através de um entendimento, por cada julgador, da singularidade do dano moral e da capacidade curativa das decisões. Em longo prazo, a reforma social por respeito à pessoa humana deveria ocorrer. A cada nova decisão direcionada ao reconhecimento do dano moral, com valores significativos, estar-se-á puxando uma nova mentalidade, reforçando no seio social a resposta de que condutas lesivas ao homem, ao seu afeto, ao seu sentimento, ao seu âmago serão refletidas no espelho social através de duras condenações pecuniárias, farão refletir uma mudança de mentalidade, resgatando ou construindo novos valores, baseados agora no respeito e dignidade da pessoa humana.

Esse é um papel que cada julgador deve carregar, tendo a consciência de que a realidade apresentada normalmente não ilustra o dano feito. Pois o pior a um homem é que dele retirem a semelhança e proximidade com a paz, com o amor e o desenvolvimento pleno de suas potencialidades como ser humano. O respeito ainda será o melhor dos remédios, sendo que através desse respeito aos outros fará aflorar o humano que cada um de nós carrega em seu DNA. Dessa forma, será possível um resgate rápido ao patamar de maior dignidade nas relações entre as pessoas.

A tarefa solitária, posta a cada magistrado(a) na aplicação do dano moral, traduz a esperança que temos para a construção de dias melhores. O exemplo social será como a luz de um farol, orientando e gerindo relações baseadas no respeito mútuo. Aqueles agentes ancorados na impunidade, que ombreiam suas lides na concepção do poder econômico, sentirão o revés justamente na parte mais valorizada, a parte que justifica e premia, o poder do dinheiro. As decisões sistemáticas, rotineiras e fortes farão uma drástica modificação de atitudes em curto espaço de tempo, gerando no seio social uma nova forma de relação entre as pessoas.

O medo virá primeiro, sedimentado num Poder Judiciário independente e com formação mais humana, depois o medo conduzirá a revisão das atitudes e as várias condenações geradas remodelarão as formas de relação com os outros.

Para que essa realidade tome impulso, precisamos da coragem dos julgadores em:
- primeiro, reconhecerem as peculiaridades e diferenças do dano moral e sua manifestação nas pessoas.
- segundo, aplicando o direito através de pesadas condenações no dano moral.
- terceiro, recebendo as demandas por dano moral como uma dádiva, como um despertar das pessoas, acalentando as vítimas, ajudando-as e orientando-as.
- quarto e último, tendo sempre em mente que todas as condenações por dano moral são sempre educativas, têm sempre um cunho restaurador, não só aos litigantes, mas ao todo, ao grupo social.

Sem essas premissas, deixamos à mercê dos abutres as carcaças das vítimas. Não deve ser essa a finalidade de um dos poderes do Estado. Lembrando sempre que o poder emana do povo e ao povo deve sempre retornar. Não existe a harmonia e o bem se não aplicados para todos.

5.3 Todas as dores, a dor – Reconstruindo as relações com amor

O ser humano nasce cru, cresce no seio familiar e social, desenvolve os valores que lhe são passados pelos demais e aplica-os, desenvolvendo novas formas de relação e de vida baseadas em tudo aquilo que já foi vivido.

Nesse ponto, as experiências negativas que se alojaram na alma, de alguma forma, haverão de sair, seja através da perpetuação de novos agentes causadores do dano, numa verdadeira cultura do dano, num ciclo vicioso e mordaz, seja através do escoamento da humanidade das pessoas, seja através da perda da capacidade de reconhecer no outro um semelhante ou seja mesmo através do total esvaziamento em identificar a dor em si e no outro, tomando como rotina e natural algo alheio à real condição humana, num terrível fabricar de pessoas zumbis, num jogo interminável e intoxicante.

Toda dor tem um preço e todo preço poderá reconstruir a partir da dor, gerando um valor a ser indenizado, que venha cicatrizar todo procedimento e marcas.

A memória dos homens vai passando de geração em geração. Não podemos perpetuar as atitudes incentivadoras aos danos, temos de buscar demonstrar exatamente o inverso. Aqueles que optam por continuarem agindo dentro da cultura violadora devem ser punidos e educados com veemência, com condenações cada vez maiores, gerando um pânico no sistema, gerando um caos a caminho do bem.

Ou as relações humanas retomam um patamar de respeito e dignificação ou cada vez mais o Estado punirá com condenações crescentes os violadores, quase ao ponto de uma extinção econômica, esse o bem mais valorizado em nosso mundo, a pecúnia.

O Estado, ao punir violentamente quem causa lesões por dano morais, premia, de certa forma, quem age para o bem, restando preciosa e definitiva demonstração à sociedade do remédio amargo aplicado aos violadores, gerando o medo, o receio de novas e mais destruidoras perdas monetárias, até a inevitável mudança de comportamento, gerando novas formas de respeito nas relações humanas. O cuidado e o zelo para com o próximo devem ser vetores a inspirar comportamentos das empresas e pessoas físicas, mesmo que atuem pautadas pelo medo, pelo receio, mas esse comportamento, na próxima geração ou mesmo aos olhos do vizinho, refletirá nova forma de relacionamento.

É a escala projetada, o pequeno derruba um maior, que por sua vez atinge outro e outro e vai seguindo, peça por peça, até concluir a queda total do jogo de dominó.

Até chegar ao próprio violador, que por estar também inserido na mesma sociedade, prova por via inversa da cura homeopática de seu próprio veneno. Em algum momento a queda do dominó chegará a sua porta, através da própria vida, seja em sua família, seja consigo mesmo, de repente, alguma empresa, algum serviço, um vizinho, uma reunião de condomínio ou mesmo na relação entre colegas, algo ou alguma coisa lhe demonstra o retorno daquela pesada condenação por dano moral, através de algumas palavras que podem ser muito simples: "Obrigado!", "Desculpe-me!" ou "O senhor está bem?", "O que posso fazer para ajudá-lo?"

A humanização das relações interpessoais afetará o conjunto da sociedade e beneficiará inclusive os próprios violadores e seus familiares e amigos.

O ciclo retoma com outros valores e sem que efetivamente se consiga identificar por que, as atitudes vão se modificando, gerando novas pessoas, novas formas de relação, gerando humanidade onde antes reinava a indiferença.

O que era a regra vai escasseando e fica a exceção, o que era exceção vai crescendo e fica a regra.

O direito deve ser para impulsionar as pessoas para o bem, existe para delimitar atitudes, porque o tudo e todo é uma forma infantil do exercício do ego. O direito nos mostra constantemente que temos outras pessoas que contracenam conosco, que nossas atitudes têm reflexos nos outros, que necessitamos ter cuidados uns com os outros. Ademais, nossa vida é passageira e precisamos nos desenvolver.

Ao minorarmos nosso ego infantil na busca insaciável do alimento exclusivo, vamos conseguindo ver e aceitar o outro, respeitando as diferenças, mesmo sem concordarmos com elas, zelando por evitar a qualquer custo a exploração de uns sobre os outros, para suprir essa boca carencial egoísta. Reconhecendo que ser empresário, dono ou diretor de bancos e grandes empresas, por tratarmos e lidarmos com a vida alheia em planos de saúde, serviços de telecomunicações, transporte, luz, água, comida, roupas, enfim, por sustentar aos demais suas necessidades básicas, não temos o direito de omitir informações, de praticar preços incompatíveis, de negar direitos básicos, de atender com falta de respeito, de melindrar, de diminuir, de agredir a vida, a alma e a essência de outro ser humano, numa banalização exploradora e triste.

Aos poucos, vamos descobrindo que a generosidade, harmonia e o amor são infinitamente ferramentas melhores do que a persuasão e a ganância. Dar atenção aos outros é muito mais lucrativo do que negar a existência desse outro, relegando a um número, a uma estatística, a um vazio.

As pesadas condenações por dano moral vão moldando novas pessoas num ambiente mais saudável, mais respeitador, com maiores doses de amor nas relações. Como também nos explica Hélio Mattar, Diretor-Presidente do Instituto Akatu pelo Consumo Consciente, na matéria "Por uma sociedade do bem-estar":

> A nova sociedade precisará mais de cooperação do que competição para atender ao tempo curto que temos para gente para mudar de um sistema insustentável para um sustentável.
> [...]
> [...]. Os grupos que se formam nas redes sociais podem não apenas criar novos valores, mas criar referências para as pessoas. Essas referências podem fortalecer novos valores, que passarão a ser reconhecidos pela sociedade. As pessoas só vão manter os novos hábitos se eles forem reconhecidos pela sociedade como um modelo que todos valorizam e reconhecem. O ser humano é suscetível a esse reconhecimento, especialmente porque o consumo faz parte da forma como as pessoas

restabelecem a sua identidade. Isso desde sempre. A mídia tem o papel de fortalecer esse novo modelo de consumo e a tal ponto que todos queriam fazer e se sentir parte da nova sociedade. As pessoas pensam que, nesse novo modelo, será chamadas a se sacrificar. Elas precisam entender que, na nova sociedade, as pessoas não vivem para trabalhar, mas trabalham para viver. As relações, os afetos, as amizades e os amores são centrais na vida de cada um.

Atualmente, dos 25 aos 65 anos, as pessoas estão integralmente devotadas ao trabalho. Trabalhando menos, haveria mais empregos, por exemplo.

No novo modelo, saímos da sociedade do desperdício, do descartável e de uma produção fortemente globalizada e vamos para a sociedade do aproveitamento integral, do durável e de uma produção mais local.

Os produtos serão totalmente diferentes. O produto material passa a ser virtual, como já tem acontecido com a música e a literatura, que chegam sem o uso de recursos naturais. O foco sai do tangível e vai para a experiência para a emoção.

O produto durável é um produto que vai precisar de assistência técnica, no caso de um eletroeletrônico ou automóvel, para funcionar durante anos e ser atualizado seguindo as últimas tecnologias disponíveis.

Na sociedade sustentável, o uso de costureiras e brechós vai se multiplicar, assim como a doação e as trocas de roupas, em que eu disponibilizo o que não estou mais usando e recebo aquilo que está mais de acordo com o que quero no momento. Medidas que promovem o bem-estar sem desperdício de recursos naturais.[31]

Reger as relações humanas pelo medo será apenas o começo, lentamente essa mudança gerará novas formas de relações.

A dor registrada no outro do qual tomamos a responsabilidade de praticar deve ser punida de forma sempre exemplar, gerando o consolo da vítima e fazendo nascer uma nova dor, a dor do bem, justo sobre a perda do lesante, a perda do seu poder econômico.

Não há fórmulas mágicas, é uma dor sendo curada por outra dor, ambas desagradáveis, mas de formas e origens bem diferentes. Cura-se o mal com o próprio mal.

Se o lucro e a desumanização são interessantes, gerando pessoas zumbis, acostumadas a sofrer, a punição severa e sistemática em

---

[31] MATTAR, Hélio. Por uma Sociedade do Bem-estar. *Revista Em Família Marista*. 2º Semestre de 2013. 12º Edição. Colégios Maristas.

condenações por danos morais retribuirá com a mesma moeda o troco que o Estado reserva a todos aqueles violadores que esqueceram como lidar com os homens, que deixaram de semear a paz, o amor e o respeito para com os outros. Os danos patrimoniais sobre os violadores serão tão grandes a ponto de forçar, em curto espaço de tempo, as atitudes lesantes para atitudes de dignificação do ser humano, sob pena de total extinção desses entes teimosos em reconhecer ao outro respeito, igualdade e consideração.

Essa extraordinária ferramenta, o dano moral, está à disposição dos aplicadores do direito, principalmente aos juízes, como força modificadora da realidade, trazendo ao Estado a função principal no papel educativo de uma nova forma de relação entre os homens.

Esse exemplo social é aplicado em qualquer instância e em qualquer relação humana, seja ela de consumo, de vida, de Governo, de relações sentimentais ou patrimoniais, de clubes, de cooperativas, de trabalho, de lazer de convívio social, tudo passa pela aplicação do dano moral, basta que se tenha a premissa: ato ilícito – com culpa (negligência, imprudência e imperícia) – o dano – e o nexo de causalidade. Quando essas premissas forem positivas, quando tivermos um agente causador e uma vítima, os julgadores devem atentar para uma aplicação severa de punição cujo fundamento está na educação do lesante e do seio social, e que a aplicação demonstre como não deve ser a forma de relação entre os homens, demonstrando que a vida é muito mais preciosa sendo preservada com amor, que semear o vazio vai gerar perdas, vai haver lucro negativo e a diminuição considerável do patrimônio vai gerando novos ricos, com nova visão. Com o ensinamento através do ganho ante a constatação da perda. Ao vislumbrar a dor sentida pelo outro, vem a certeza de não repetir o mesmo, gerando uma nova sociedade, baseada no respeito, harmonia e amor.

Não existe sociedade perfeita, nem vida ideal, o que temos é uma constante batalha no caminho da evolução, e com certeza a aplicação estreita e firme do dano moral dará um passo largo no caminho de uma maior valorização do ser humano e da sua condição essencial e primorosa, com sua sensibilidade e sua capacidade de se conectar pelo pensamento, pelos atos e pela alma a todos os seus semelhantes e a todo o universo.

Encerro este livro com a belíssima passagem do livro do Navegador Amyr Klink, *Paratii*, sobre os Pinguins-Gentoons:

CAPÍTULO 5
CONCLUSÕES

Semanas a fio, depois meses, acompanhei o trabalho deles, pedrinha por pedrinha, trazidas uma a uma, noite e dia. Às vezes, um casal escolhia uma laje inclinada para fazer o ninho e, ao acrescentar uma pedrinha a mais, todas as outras rolavam para baixo e caíam no mar. Ou então, um pedaço de neve se desprendia com o sol e levava embora semanas de pedrinhas. Em segundos eles recomeçavam, no mesmo lugar e com a mesma paciência, a juntar novas pedrinhas. Duvidei muitas vezes que todos conseguissem terminar seus ninhos. Alguns ninhos ao final teriam mais de duas mil e quinhentas pedrinhas, mais de duas mil e quinhentas viagens.

[...]

Ora diminuindo, ou aumentando, a neve revelava novas fontes de pedrinhas usadas em estações passadas. Eu sempre andava com algumas no bolso e, às vezes, sacudia-as na mão e as deixava – três ou quatro – entre as minhas botas. Imediatamente um pequeno grupinho se aproximava, a quarenta ou cinquenta centímetros dos meus pés, olhando as pedrinhas, avaliando a minha altura e entreolhando-se, até que um mais ousado tomava a iniciativa, agarrava uma delas e saía correndo – feliz da vida – de volta ao seu ninho. Traços de comportamento tão semelhantes aos humanos: dúvida, medo, ousadia. E pequenas falhas também. Furtos, desvios e desaparecimento de pequenas pedras, que eles, gentoons, sabiam resolver e perdoar com uma sabedoria que não há entre animais humanos.[32]

E concluo, na esperança de que possamos continuar navegando no oceano da vida com mais harmonia e paz entre as pessoas.

---

[32] KLINK, Amyr. *Paratii*. São Paulo: Companhia das Letras, 1992, p. 147 e 148.

Esta obra foi composta em fonte Palatino Linotype, corpo 10
e impressa em papel Pólen Bold 70g (miolo) e Supremo 250g (capa)
pela Gráfica Paulinelli, em Belo Horizonte/MG.